Edelgard Friedrich

Waren wir verabredet

Edelgard Friedrich

Waren wir verabredet?

Wie Kinder ihre Eltern wählen

SILBERSCHNUR

MIX
Papier aus verantwortungsvollen Quellen
FSC® C014138

ISBN 978-3-89845-343-1

1. Auflage 2011

Gestaltung & Satz: XPresentation, Güllesheim
Covergestaltung unter Verwendung verschiedener Motive aus: www.fotolia.com
Druck: Finidr, s.r.o. Cesky Tesin

Verlag »Die Silberschnur« GmbH · Steinstraße 1 · D-56593 Güllesheim
www.silberschnur.de · E-Mail: info@silberschnur.de

Inhalt

Vorbemerkung

Wenn man im Deutschen das Wort "Kinder" benutzt, gibt es gewisse Schwierigkeiten. Es hat nämlich zwei ganz verschiedene Bedeutungen. Einmal bezeichnet es eine Altersstufe, zum anderen ein Verwandtschaftsverhältnis, das völlig unabhängig vom Lebensalter ist. In diesem Buch wird es häufig in der zweiten Bedeutung verwendet.

Vorwort
von Trutz Hardo

Es ist erfreulich, dass mit diesem Buch Eltern sowie deren (erwachsenen) Kindern Einsicht in Geheimnisse gegeben wird, weshalb die Kinder zu diesen Eltern gekommen sind und sich gerade sie und nicht andere für die jetzige Inkarnation ausgewählt haben. Denn nicht zufällig werden wir in jeder erneuten Inkarnation bei einer Mutter geboren, die im Vorfeld mit unserer Zustimmung für uns ausgesucht wurde. Genauso wird ein Treffen mit allen wichtigen Personen in eines jeden Leben noch vor der Geburt festgelegt. Ein Erdenleben gleicht einem Schultag, den wir als Inkarnierte besuchen. Ist dieser beendet, gehen wir wieder nach Hause, denn die geistige Welt ist unser eigentliches Zuhause. Zurückgekehrt erholen wir uns, nachdem wir wieder unseren Astralkörper eingenommen haben, erst in dieser prächtig ausgestatteten, höher schwingenden Welt und sehen uns dann aus der nun höheren Perspektive rückblickend das an, was wir an dem Erdenschultag hinzugelernt beziehungsweise nicht gelernt oder gar falsch gemacht haben. Das immer wieder auf dem Programm stehende Hauptfach dabei heißt Liebe, aber es gibt auch viele Nebenfächer wie zum Beispiel Kreativität entfalten, Demut lernen, wahrhaftig sein, Herausforderungen annehmen, Mut haben, Mitgefühl entwickeln, Hilfsbereitschaft und vieles mehr. Wir suchen uns genau die Fächer aus, die wir besonders intensiv lernen wollen, und wir erwählen uns genau die Eltern sowie das Umfeld, die uns diese zu erlernenden Aufgaben bieten. Wenn einer daher beispielsweise Musiker oder gar Komponist werden möchte, entscheidet er sich für eine Familie, in der man schon musiziert. Die berühmte Sterbeforscherin Elisabeth Kübler-Ross suchte sich einen Vater aus, der sehr streng mit ihr war und ihr seinen Willen in vielem aufdrücken wollte, worunter sie sehr litt. Doch sie lernte, sich nicht unterdrücken zu lassen, stark zu werden, ihren Weg zu gehen - und zwar nicht den, welchen ihr der Vater vorschreiben wollte. Erst später, als sie sich als Ärztin mit ihren revolutionären Ergebnissen für die Sterbeforschung hervortrat und von der männlichen Medizinerlobby angegriffen wurde, gegen die sie sich siegreich zu behaupten hatte, wusste sie, dass sie sich für ihre Mission auf Erden genau den richtigen Vater ausgesucht hatte, der sie darauf vorbereitete, sich in einer angeblich alles besser wissenden Männerwelt unbeirrbar durchzusetzen.

Wir wählen uns also nicht immer nur die leichtesten Eltern aus, sondern vor allem die, welche uns die Voraussetzungen für die von uns geplanten Aufgaben am besten bieten können - oder mit denen wir noch karmisch etwas auszugleichen haben. Wenn wir im Jenseits dann rückblickend all das überarbeitet haben und auch erkannt haben, wo wir gefehlt oder gar gegen die Liebe verstoßen hatten, werden wir uns irgendwann wieder dazu entschließen, in die Erdenschule zurückzukehren für einen erneuen Lerntag in einem neuen Körper. Zum einen um nun das richtigzustellen, was wir vorher falsch gemacht oder vernachlässigt hatten, und zum anderen um neue Aufgaben und Herausforderungen anzugehen.

Oft sprechen Kinder von einem früheren Leben, oder sie erklären sogar den Grund ihres Hierseins, zum Beispiel: "Ich bin auf die Erde gekommen, um meinem kranken Bruder zu helfen." Eine Kindergärtnerin berichtete mir, dass eines der Kinder plötzlich einen inoperablen Gehirntumor bekam. Seine letzten Worte in ihrem und der Eltern Beisein waren: "Ich gehe jetzt zu meinen richtigen Eltern." Die erschrockenen Eltern fragten sich in ihrem Schmerz, warum der Junge das sagte, hatten sie sich doch immer besonders liebevoll um ihn gekümmert. Sie konnten es nicht verstehen. Was der Junge eigentlich hatte sagen wollte, war, dass er den jetzigen Eltern nur als eine Leihgabe gedient hatte, denn jetzt ging er zurück, um dann bei den für ihn bestimmten Eltern wiedergeboren zu werden, wo er ein ausgedehntes Leben haben würde. Doch dieses Wissen war seinen trauernden Eltern nicht bekannt. Hätten sie gewusst, dass es vorausbestimmt war, dass er aus bestimmten Gründen nur fünf Jahre bei ihnen sein sollte, und dass alles richtig war und er sie nun verlassen musste, dann hätten sie sich nicht mit Selbstvorwürfen und tiefster Trauer belastet. Leiden heißt nicht wissen.
Dieses nun vorliegende Buch vermittelt uns ein Verständnis dafür, warum wir bei bestimmten Eltern wiedergeboren werden. Denn alles hat einen höheren Sinn. Und oft ist es so, dass Eltern, die früh ein Kind verloren haben, sich auf die Suche begeben, warum Gott es zuließ, dass es ihnen so früh wieder entzogen wurde. Auf ihrer Sinnsuche gelangen sie hoffentlich oft zu einem Buch wie dem vorliegenden, das ihnen tiefere Einsichten vermittelt.

In meinen Gruppen- und Einzelrückführungen habe ich schon Tausende Teilnehmer in frühere Leben geleitet und auch in dasjenige, das dem heutigen vorausgegangen war. Wir haben dann auch detailliert das Zwischenleben erkundet samt der Rückkehr in unsere Kerngruppe, unsere eigentliche Seelenfamilie, und wir haben auch unsere Vorbereitung für das jetzige Leben angesehen. Wir erfahren so, warum wir uns unsere Eltern ausgesucht haben oder sie uns zuteilen ließen. Wir finden zudem meist heraus, welche Erfahrungen wir aus karmischen Gründen noch zu erleben haben oder welche bisher noch ungelösten Aufgaben wir nun lösen wollen - und was wir an Neuem hinzuzulernen uns vorgenommen haben.

All das, was Edelgard Friedrich in diesem Buch schreibt, kann ich als Rückführungstherapeut und Erforscher spiritueller Geheimnisse aus meinen vielen Erfahrungen bestätigen. Lassen Sie sich von diesem Buch mit vielen für Sie sicherlich neuen Erkenntnissen überraschen, und gelangen Sie dadurch zu einem höheren Wissen, warum die Dinge im Leben samt den zwischenmenschlichen Konstellationen genau so sind, wie sie sich darstellen. Denn alles dient dem Lernen. Und - ich wiederhole es noch einmal - das Hauptfach ist LIEBE.

1. Kapitel

Anliegen dieses Buches

In diesem Buch soll versucht werden zu zeigen, inwiefern es die Beziehungen zwischen Kindern und ihren Eltern sowie zwischen Eltern und ihren Kindern erleichtern kann, wenn man davon ausgeht, dass man sich aus früheren Leben kennt und sich vor der Inkarnation auf die jetzige Begegnung geeinigt hat - in der Hoffnung, dass beide Seiten dabei in ihrer Entwicklung weiterkommen. Im Falle der - in der Regel erwachsenen - Kinder geht es darum, die Versöhnung mit den Eltern zu erleichtern, falls eine solche notwendig ist; im Falle der Eltern handelt es sich um den Umgang mit verschiedenen Schwierigkeiten, die in der Auseinandersetzung mit den Kindern auftreten können, letzten Endes jedoch um das erforderliche Loslassen der Kinder.

Das Buch wendet sich an Leser, die der Reinkarnationslehre zumindest aufgeschlossen gegenüberstehen, es stellt schließlich eine Form von angewandter Reinkarnationslehre dar. Der Schwerpunkt des Buches liegt jedoch nicht auf der Tatsache, dass sich Eltern und Kinder in der Regel aus früheren Begegnungen kennen, sondern darauf, dass für beide Seiten vor der Geburt ein Lebensplan erstellt wurde, in dem unter anderem die Lernziele für beide Seiten festgelegt wurden, und dass beide Seiten diesem Plan zugestimmt haben. Das setzt die Existenz einer geistigen Welt voraus, in der solche Vorbereitungen getroffen werden können.

Da dem Leser nicht zugemutet werden soll, diese Grundannahmen einfach so zu akzeptieren, wird im ersten Teil des Buches darauf eingegangen, aus welchen Quellen unsere Informationen über die geistige Welt stammen und wie die Vorbereitungen auf die kommende Inkarnation im Einzelnen vor sich gehen. Bei den späteren Ausführungen über die Beziehungen zwischen Kindern und ihren Eltern sowie zwischen Eltern und ihren Kindern wird versucht, möglichst alle Aussagen mit praktischen Beispielen zu belegen, welche zum größten Teil aus Rückführungssitzungen stammen, die in die Zeit zwischen den Inkarnationen führen.

Zu der Frage, wie ich dazu gekommen bin, mich gerade mit diesem Thema zu beschäftigen, möchte ich einige persönliche Aussagen machen: Nachdem ich ein Leben lang - genau gesagt zwischen meinem 13. und 52. Lebensjahr - einen erbitterten Atheismus vertreten hatte, habe ich während einer sehr langen und lebensbedrohlichen Krankheit aus Verzweiflung angefangen, mich mit spirituellen Fragen und natürlich auch mit der Reinkarnationslehre zu befassen, die ja tatsächlich ein ganz neues Licht auf viele Lebensprobleme wirft.

Dass es ausgerechnet das Eltern-Kind-Thema ist, das mich besonders interessiert - es gäbe ja schließlich auch noch das höchst brisante Partnerschaftsthema - hat sicher mit meiner eigenen bitteren Erfahrung mit meinen Eltern zu tun. Die Auseinandersetzung damit hat mich ein Leben lang begleitet, und erst die Beschäftigung mit spirituellen Fragen und speziell der Kontakt mit meinen Führern aus der geistigen Welt, der über ein Medium seit ca. acht Jahren regelmäßig stattfindet, hat schließlich dazu geführt, dass sich die Problematik jetzt aufgelöst hat. Meine Geistführer erklärten mir, wie es zu der Entscheidung für meine Eltern gekommen ist und dass ich sie mir im Grunde selbst einbrockt habe.

Außerdem hatte ich durch meine langjährige Tätigkeit als Psychoanalytikerin die Gelegenheit, die Schwierigkeiten insbesondere der Beziehungen zwischen Kindern und ihren Eltern hautnah zu erleben. Die Auseinandersetzung mit den Eltern nimmt ja im Rahmen einer psychoanalytischen Behandlung einen großen Raum ein und wird oft mit großer Verzweiflung und Verbitterung geführt. Aber auch die Sorge um die eigenen Kinder und speziell der Anspruch, auf jeden Fall alles richtig zu machen, machen oft einen großen Teil der Arbeit aus.

Nachdem ich jetzt im Ruhestand bin, ist es mein dringender Wunsch, meine Erfahrungen und mein mühselig erworbenes Wissen mit anderen zu teilen. Es ist nicht meine Absicht, die Reinkarnationslehre hier im Einzelnen darzustellen oder gar zu verteidigen. Dazu liegt inzwischen eine sehr umfangreiche Literatur vor. Für einen leicht lesbaren Überblick empfehle ich das Taschenbuch von Sigdell (2008).

Um jedoch meine Ausgangsbasis deutlich zu machen, will ich versuchen, meine eigene Position in dieser Frage, die sich im Laufe der Jahre entwickelt hat und die Grundlage für dieses Buch bildet, im Folgenden in einigen kurzen Statements zusammenzufassen.

2. Kapitel

Einige Grundannahmen als Voraussetzung für die folgende Diskussion

Die Reinkarnationslehre

1. Die Reinkarnationslehre ist nicht Bestandteil irgendeiner Religion, auch wenn sie in den einzelnen Religionen eine verschieden große Rolle spielt. Von den insgesamt 670 Religionen, Kirchen und Kulten, die beispielsweise in *Knaurs Großem Religionsführer* von Bellinger (1986) beschrieben werden, beinhalten verschiedene den Reinkarnationsgedanken, den sie offenbar unabhängig voneinander entwickelt haben.

2. Selbst innerhalb einer Religion kann es verschiedene Ausprägungen der Reinkarnationslehre geben. Das darf als normal gelten, besonders wenn man sich vor Augen hält, was alles Teil eines religiösen Glaubens sein kann.

3. Die Reinkarnationslehre steht nicht im Widerspruch zur Lehre und zur Person Christi. Vielleicht tun sich die christlichen Kirchen unter anderem deswegen besonders schwer damit, weil die "Vorexistenz der Seele", eine Voraussetzung für die

Reinkarnation, durch Kaiser Justinian auf dem Konzil von Konstantinopel 553 n. Chr. als Irrlehre verdammt wurde.

4. Inkarnation in Tiere ist keineswegs ein notwendiger Bestandteil der Reinkarnationslehre, auch wenn der Glaube daran in weiten Teilen Indiens verbreitet ist.

5. Die Tatsache, dass es sich mit der Reinkarnationslehre leichter leben lässt, weil sie sinnstiftend ist, sagt nichts über ihren Wahrheitsgehalt aus. Ich empfinde es als kränkend, wenn jemand sagt, man habe sie sich nur deswegen zu eigen gemacht.

Zu den Inhalten der Reinkarnationslehre:

1. Jeder Mensch erhält die Chance, so oft auf der Erde geboren zu werden, wie es für ihn nötig ist. Ziel ist die allmähliche Vervollkommnung und Läuterung der Seele, bis sie schließlich alle negativen und egoistischen Strebungen überwunden hat und zu einer selbstlosen Liebe fähig ist, die alle Menschen, die gesamte Schöpfung und Gott umfasst und die mitfühlende Hilfe für andere Menschen einschließt.

2. Dazu gehört nicht nur die Überwindung eigener Charaktermängel, sondern auch, dass man alle Schädigungen, die man jemals anderen zugefügt hat, ausgleicht. Häufig ist es dabei erforderlich, dass man die Leiden, die man dem anderen zugefügt hat, jetzt am eigenen Leib erleben muss. Das ist nicht als Strafe gedacht, sondern als eine Möglichkeit, einen Lernprozess anzustoßen. Man lernt am besten, was Schmerz

ist und dass man ihn dem anderen besser nicht antut, wenn man ihn am eigenen Leibe erfährt. In diesem Zusammenhang wird oft das Wort Karma benutzt. Es bedeutet im Grunde nichts anderes, als dass unser Tun in einem früheren Leben Auswirkungen hat auf unser jetziges Leben. Böse Taten erzeugen ein schlechtes Karma, gute ein gutes. Ziel ist es, schließlich eine vollständige Versöhnung mit dem anderen herbeizuführen und in der Lage zu sein, ihm mit dem nötigen Respekt zu begegnen.

3. Zu diesem Versöhnungsprozess gehört auch, dem anderen zu verzeihen, was er einem selbst möglicherweise angetan hat.

4. Wer alle diese Ziele erreicht und alle notwendigen Prüfungen bestanden hat, hat weitere Inkarnationen auf der Erde nicht mehr nötig und kann seine Entwicklung in der geistigen Welt oder auf anderen Himmelskörpern fortsetzen. Wenn er sich noch einmal auf der Erde inkarniert, dann nur noch freiwillig als Helfer für die Menschheit oder auch als Lehrer.

5. Da ein so hohes Ziel üblicherweise nicht in einer einzigen Inkarnation erreicht werden kann, kann es als ein Zeichen von Gottes Geduld angesehen werden, dass uns immer wieder neue Anläufe ermöglicht werden. Dagegen erscheint die Vorstellung, dass ein einziges, unter Umständen sogar ziemlich kurzes Leben darüber entscheiden soll, wie wir den Rest der Ewigkeit verbringen, ziemlich hart.

6. Wichtig ist, dass die verschiedenen Leben aufeinander aufbauen und so sinnvoll miteinander verknüpft sind. Die Lebensumstände, in die man hineingeboren wird, sind also

keineswegs zufällig, sondern so ausgesucht, dass sie für den Inkarnierten die besten Entwicklungschancen bereithalten, auch wenn das manchmal sehr schwierig ist. Damit entfällt das Problem der Ungerechtigkeit. Jeder erhält das Leben, das ihn am meisten weiterbringt. Das Hadern mit Gott wegen eines unzumutbaren Schicksals erledigt sich.

7. Wenn es stimmt, dass wir immer wieder in Lebensbedingungen hineingeboren werden, die für uns die besten Lern- und Entwicklungsmöglichkeiten bereithalten, dann müssen diese Lebensbedingungen so beschaffen sein, dass sie dafür auch die Voraussetzungen bieten. Darum wird für jeden Menschen vor der Inkarnation ein Lebensplan erstellt, der diese im Einzelnen festlegt. Und diese Instanz ist nicht einfach "Gott in seinem unerfindlichen Ratschluss", sondern er hat dafür seine Helfer, die sich mit den Details befassen.

Diese Helfer befinden sich in der sogenannten "geistigen Welt", die auch den Aufenthaltsort zwischen den verschiedenen Inkarnationen darstellt. Wenn man nicht davon ausgehen will, dass eine Inkarnation stets unmittelbar auf die Beendigung des letzten Lebens erfolgt, muss es einen solchen Ort geben. Dort finden alle Vorbereitungen für die nächste Inkarnation statt, und dort werden auch die Lebenspläne erstellt.

Ich weiß, dass es dieser Punkt 7 ist, der für viele Leser am schwierigsten zu akzeptieren ist. Da er aber die Grundlage für dieses Buch bildet, wird in den nächsten Kapiteln ausführlich darauf eingegangen.

Gibt es ein Leben in der geistigen Welt, und woher können wir etwas darüber erfahren?

Sich vorzustellen, dass es ein Leben in der geistigen Welt gibt, das obendrein unmittelbar nach dem Ablegen unserer körperlichen Hülle weitergeht, fällt in unseren Breiten vielen Menschen ganz besonders schwer. Wir sind daran gewöhnt, nur Dinge für real zu halten, die wir mit unseren Sinnen wahrnehmen oder mithilfe technischer Geräte feststellen können. Wir glauben zu wissen, was in der Realität vorhanden sein kann und was nicht, und weigern uns, etwas anderes überhaupt zur Kenntnis zu nehmen. Die Geschichte ist voll von Beispielen für diese Ignoranz. Es sei nur erinnert an Kardinal Bellarmin, der sich von vornherein weigerte, in das von Galilei entwickelte Fernrohr zu schauen, weil er "wusste", dass es das, was man da angeblich sehen konnte, nicht geben konnte.

Wer "weiß", dass es geistige Wesenheiten und eine geistige Welt nicht geben kann, für den erübrigt es sich, sich mit dieser Frage überhaupt zu beschäftigen. Dabei könnte man sich doch, zumindest theoretisch, vorstellen, dass es auch eine geistige Existenz in nichtkörperlicher Form geben könnte, die zwar ebenfalls real, aber eben feinstofflicher in der Substanz ist, so dass wir sie mit unseren normalen Sinnesorganen nicht wahrnehmen können.

Nun gibt es inzwischen über das Leben in der geistigen Welt eine umfangreiche Literatur, in der in der Regel sehr detailliert beschrieben wird, wie es in der geistigen Welt zugeht: wie man dort aussieht, wie man sich gegenseitig erkennt und miteinander kommuniziert, wie man sich fortbewegt, womit man sich beschäftigt, was man für seine Entwicklung tun kann und so weiter. Das alles wird als absolut real beschrieben. Es geht also keineswegs um unverbindliche Spekulationen, die man glauben kann oder auch nicht, sondern es besteht der Anspruch, etwas auszusagen über Sachverhalte, die tatsächlich so sind. Diese Jenseitsliteratur bezieht sich auf folgende Informationsquellen:

1. Sogenannte Nahtoderlebnisse

Diese treten, dank unserer gut entwickelten Notfallmedizin und der gesteigerten Häufigkeit von schweren Unfällen, sehr viel häufiger auf als früher. Menschen, die darüber berichten, beschreiben nicht nur, wie sie sich außerhalb ihres Körpers bewegten und beobachteten, was in dieser Zeit mit ihrem Körper und in ihrer Umgebung geschah – was sich wiederholt auch durch Augenzeugen bestätigen ließ –, sondern sie schilderten auch ihren Übergang in die geistige Welt und die dortigen Begegnungen. Dabei gibt es so viele Übereinstimmungen, dass es möglich ist, eine Liste von Gemeinsamkeiten zu erstellen.

Diese Nahtoderlebnisse können als ein wichtiger Beleg dafür angesehen werden, dass der Geistleib - zumindest zeitweise - auch außerhalb des Körpers existieren kann. Zum Thema dieses Buches können diese Erfahrungsberichte allerdings nicht sehr viel beitragen. Alle diese Leute sind nicht wirklich gestorben, sie sind ja ins Leben zurückgekehrt. Über das, was geschieht, wenn man denn wirklich stirbt, können sie nichts aussagen - und schon gar nicht darüber, was geschieht, wenn man sich zu einer neuen Inkarnation anschickt. (Eine sehr gute Literaturübersicht zu Informationsquellen über die geistige Welt findet sich bei Jakoby (2007).)

2. Mediale Durchgaben Verstorbener

Solche Durchgaben gibt es wahrscheinlich schon seit Menschengedenken. In der heutigen Zeit erleben wir einen regelrechten Boom, und viele Medien verdienen ihr Geld damit. Diese Kontakte sind für Menschen, die noch in Liebe mit einem Verstorbenen verbunden sind, oft sehr wichtig. Sie wollen wissen, ob der Verstorbene irgendwo weiterlebt und wie es ihm geht, und häufig ist schon die bloße Tatsache, dass man in Kontakt mit ihm treten kann, sehr beglückend. Dabei ist es für solche Menschen sehr beruhigend, wenn bewiesen werden kann, dass es sich tatsächlich um den Verstorbenen handelt, beispielsweise wenn er den Lebenden mit einem Kosenamen anredet, den nur er selbst kennt. Von allgemeinem Interesse sind solche Kontakte vor allem deswegen, weil sie ein wichtiger Beleg dafür sind, dass es ein Fortleben nach dem Tod gibt, das sich unmittelbar an das Verlassen dieser Welt anschließt.

Nun gibt es aber auch Verstorbene, die die Kontakte mit Lebenden nutzen, um wichtige Informationen über das Leben in der geistigen Welt durchzugeben. Verschiedene solcher Durchgaben sind sehr eindrucksvoll und faszinierend und liegen zum Teil auch in Buchform vor. Sie stammen jedoch in der Regel von Personen, die noch nicht sehr lange tot sind und sich noch nicht besonders weit von der irdischen Sphäre entfernt haben. Darum können sie darüber, was geschieht, wenn sich eine Seele zu einer erneuten Inkarnation auf den Weg macht, nur relativ selten Auskunft geben. Verstorbene können etwas nur sagen, soweit sie es selbst wissen. Man wird nicht automatisch weise in dem Augenblick, in dem man in die geistige Welt zurückkehrt.

3. Mediale Durchgaben “höherer” Geistwesen

Bei den Durchgaben “höherer” Geistwesen wird es interessanter, aber schwieriger. Es kann sich bei diesen Geistwesen um Geistführer, Schutzengel, aber auch um sehr viel höher angesiedelte Wesen handeln. Einige dieser Durchgaben genießen bei Menschen, die sich damit befassen, höchstes Ansehen. Aber sie setzen natürlich mehr an Glaubensbereitschaft voraus. Es muss ja diese Wesenheiten, die angeblich Kontakt mit uns aufnehmen, überhaupt erst einmal geben. Und es ist eine Tatsache, dass ihre Existenz mit unseren, am Materiellen orientierten Forschungsmethoden mit Sicherheit nicht zu beweisen ist. Es bleibt uns nichts anderes übrig, als uns überzeugen zu lassen von dem, was sie sagen.

Leider lässt es sich nicht ausschließen, dass dabei auch Fehler vorkommen können. Der Wert einer solchen Mitteilung richtet sich ja nach der Entwicklungsstufe der sich mitteilenden Wesenheit. Je höher diese steht, desto verlässlicher sind auch ihre Durchgaben. Wer jedoch selbst noch ziemlich am Anfang steht, der kann sich schon mal irren. Es heißt, dass manche Wesenheit, erfüllt von ihrer großen Liebe zu den Menschen und dem Wunsch, ihnen etwas Wichtiges mitzuteilen, sich selbst als jemand einschätzt, der sie in Wirklichkeit gar nicht ist. Außerdem können sich auch sogenannte Foppgeister einschalten.

Viel eher ist aber mit der Möglichkeit zu rechnen, dass das empfangende Medium - von bewussten Täuschungen einmal abgesehen - die empfangene Botschaft mit eigenen Vorstellungen durcheinanderbringt oder schlicht einer frommen Selbsttäuschung unterliegt. Je weiter das Medium in seiner spirituellen Reinheit ist, desto größer ist die Wahrscheinlichkeit, dass es eine Botschaft unverfälscht empfangen kann und dass ein wirklich hohes Geistwesen sich bei ihm zu Wort meldet. In besonderen Fällen sprechen wir dann von Offenbarung. Im Rahmen dieses Buches wird, neben den Rückführungen, besonders auf solche medialen Durchgaben Bezug genommen.

4. Visionen, "mystische Erfahrungen", erinnerte Astralreisen, Spontanerinnerungen an frühere Leben, bestimmte Träume

Hier wird es noch problematischer. Viele dieser Aussagen gehen weit zurück in die Anfänge der von uns erinnerten Menschheitsgeschichte, einschließlich der Bibel. Hier bietet sich ein weites Feld. (Für den Interessierten finden sich Zusammenfassungen einiger prominenter Aussagen über die geistige Welt bei Heintschel (2001), Müller (1982) und Michel (o. J.).)

5. Rückführungen

Die Rückführungen sind in unserem Zusammenhang besonders spannend. Rückführungen in frühere Leben, mit oder ohne Hypnose, gibt es als eine etablierte psychotherapeutische Methode ja schon seit einiger Zeit. Dabei gelingt es immer wieder, Probleme, die Patienten in diesem Leben haben, dadurch aufzulösen, dass die Ursache dafür, soweit sie in früheren Leben liegt, ausfindig gemacht und bearbeitet werden kann. Dabei stellt sich des Öfteren heraus, dass man mit Personen, mit denen man jetzt Schwierigkeiten hat, zum Beispiel als Eltern oder Kinder, bereits in früheren Leben in engeren Beziehungen gestanden hat und dass die Probleme des jetzigen Lebens eine natürliche Fortsetzung der damaligen Situation darstellen.

Das ist an sich schon spannend genug und kann sehr viel zu einem besseren Verständnis bestimmter gegenwärtiger Lebensprobleme beitragen. In unserem Zusammenhang ist es aber von besonderer Bedeutung, dass inzwischen nicht nur Aussagen über frühere Leben, sondern auch solche aus der Vorbereitungszeit für eine neue Inkarnation, das heißt aus der Zeit zwischen den Inkarnationen vorliegen. Da ist einmal das frühe und inzwischen vergriffene Buch von Whitton und Fischer *Das Leben zwischen den Leben. Ein Forschungsbericht aus der Welt jenseits unserer physischen Existenz*. Dr. Whitton geriet während seiner normalen Rückführungsarbeit mit einer Patientin auf einmal, mehr aus Versehen, in die Zeit zwischen zwei Leben und war selbst im höchsten Maße erstaunt darüber. Er hatte eigentlich sagen wollen: "Gehe zurück in die Inkarnation, bevor du Martha warst", sagte aber stattdessen: "Gehe zurück in das Leben, bevor du Martha warst", und die Patientin nahm das wörtlich und berichtete aus dem Leben vor ihrer irdischen Geburt: "Ich ... warte ... darauf ... geboren zu werden. Ich beobachte ... beobachte, was meine Mutter tut." (Whitton/Fischer 1989, S. 37ff) Dr. Whitton nahm diese Situation zum Anlass, später auch andere Patienten in die Zeit zwischen den Geburten zurückzuführen. Er kann so als Pionier auf diesem Forschungsgebiet gelten.

Etwas früher wurde das Buch der Psychologin Helen Wambach *Leben vor dem Leben* (3. Aufl. 1984) publiziert. Wambach führte Hypnosesitzungen mit verschiedenen Gruppen durch und kam so insgesamt auf 750 Personen, denen sie in der Hypnose verschiedene Fragen zu der Zeit vor der jetzigen Inkarnation stellte. Gleich im Anschluss an die Sitzungen ließ sie die Versuchspersonen schriftlich über das Erlebte berichten. In ihrem Buch sind Hunderte dieser Aussagen, nach Themen geordnet, wiedergegeben. Natürlich sind diese Aussagen nicht so authentisch, wie wenn sie im Laufe von Einzelsitzungen aufgezeichnet worden wären, und es fanden ja auch keine

Dialoge statt, interessant ist hier aber die große Zahl der erhaltenen Antworten.

Inzwischen sind noch zwei weitere Bücher zu diesem Thema erschienen, und zwar von Michael Newton: *Die Reisen der Seele. Karmische Fallstudien* (2008) und *Die Abenteuer der Seelen. Neue Fallstudien zum Leben zwischen den Leben* (2006). Beide Bücher bringen ausführliche, während Hypnosesitzungen aufgezeichnete Dialoge, in denen es um verschiedene Themen aus dem Leben in der geistigen Welt zwischen den Inkarnationen geht. Ich bin froh, auf diese Bücher gestoßen zu sein. Sie sind meiner Meinung nach das Wichtigste, was im Moment zu diesem Thema vorliegt. Außerdem gibt es das Buch von Schwartz (2008): *Mutige Seelen. Planen wir unsere Lebensaufgabe bereits vor unserer Geburt?*.

Da ich selbst nicht medial begabt bin und auch keine Rückführungen durchgeführt habe, bleibt mir leider nichts anderes übrig, als alle meine Informationen über die geistige Welt und aus der geistigen Welt aus solchen Quellen zu beziehen. Ich habe zwar über ein Medium regelmäßig Kontakt zu meinen Geistführern, die mit mir auch über die geistige Welt sprechen, und ich lasse ihre Informationen mit einfließen. Ich werde jedoch im Folgenden versuchen, die Lektüre nicht durch ständige Verweise auf die Herkunft meiner Informationen unnötig zu erschweren und verweise auf die am Ende des Buches von mir kommentierte Literaturliste, die nur Titel enthält, die in diesem Buch genannt werden.

Die Vorbereitungen in der geistigen Welt auf das nächste Erdenleben

Wie lebt man in der geistigen Welt?

Vorausgesetzt, man kann sich auf die Vorstellung einlassen, dass es überhaupt so etwas wie die geistige Welt gibt, stellt sich natürlich die Frage, wie es dort aussieht und was dort im Einzelnen vor sich geht. Die darüber vorliegende Literatur ist so spannend, dass es einem, wenn man einmal angefangen hat, sich damit zu befassen, schon schwerfallen kann, wieder damit aufzuhören. All die Schönheit, die Vielfalt und die Faszination der Farben und Töne, die Leichtigkeit, mit der man sich fortbewegt, das Aufgehobensein in einer Gruppe Gleichgesinnter - vorausgesetzt natürlich, man ist erst einmal in dieser Ebene des sogenannten Paradieses angekommen, - sind überwältigend. Jeder befindet sich an der Stelle, die für seine Entwicklung die geeignetste ist; er kann alles lernen, wofür er sich interessiert, und er erhält die Aufgaben, die seinen Fähigkeiten und Interessen am besten entsprechen. Wie kann es einem besser gehen?

Wichtig ist natürlich die Frage, wen man dort antrifft. Da sind zunächst die kürzlich oder auch vor längerer Zeit Verstorbenen. Man muss also nicht warten bis zur Auferstehung beim Jüngsten Gericht; das Weiterleben nach dem Tod beginnt unmittelbar nach der Beendigung des Lebens auf dieser Erde. Nach der Eingewöhnungszeit - die sehr verschieden ausfallen kann und beispielsweise auch einen vorübergehenden Aufenthalt in einem Sanatorium bedeuten kann, falls der Ankommende sehr erschöpft ist - fängt der eigentliche Entwicklungsprozess an, für den es nach oben hin keine Begrenzung gibt. Mit dem Fortschreiten in der eigenen Entwicklung eröffnen sich immer höhere geistige Ebenen. Bis hinauf zu "Gottes Thron" ist es ein langer und weiter Weg, den wir Menschen, die noch ihren Weg auf der Erde zu gehen haben, nur voller Demut in der Ferne erahnen können. Auf den höheren Ebenen finden sich dann Wesen, die ihren Lernprozess auf der Erde erfolgreich abgeschlossen haben, die also nicht mehr inkarnieren müssen, sowie solche, die gar nicht inkarnieren mussten, weil sie sich niemals von Gott entfernt hatten. Wenn sie auf der Erde inkarnieren, dann freiwillig, um hier zu dienen und dadurch Gott in seiner Liebe noch näher zu kommen.

Zu den Funktionen, die die Wesen in der geistigen Welt übernehmen können, gehört unter anderem die Betreuung von Menschen, die auf der Erde leben, als Schutzengel oder als Geistführer. Solche Aufgaben können unter Umständen sogar von Seelen übernommen werden, die erst kürzlich verstorben sind, selbst wenn sie in der Zwischenzeit noch gar nicht so viel dazugelernt haben.

Eine wichtige Funktion der Betreuer aus der geistigen Welt ist es auch, dafür zu sorgen, dass sich das, was im Lebensplan vorgesehen ist, in der Realität des irdischen Lebens auch manifestiert, wie beispielsweise die erste Begegnung zwischen zwei Menschen, die einmal ein Paar werden sollen, oder das Verpassen des Flugzeugs, das wenig später abstürzt. Üblicherweise geschieht das durch Eingebungen bei den beteiligten Personen, die aber in der Regel nicht als solche wahrgenommen werden.

Dauer des Aufenthaltes in der geistigen Welt

Wie lange sich eine Seele in der geistigen Welt aufhält, bevor die ersten Vorbereitungen für eine nächste Inkarnation getroffen werden, hängt von verschiedenen Faktoren ab. Diese können sowohl für als auch gegen einen längeren Aufenthalt sprechen. Viele Seelen wollen deshalb nicht so schnell inkarnieren, weil sie das Leben in der geistigen Welt mit all seinen Annehmlichkeiten genießen und keine Lust haben, sich erneut auf die Unbequemlichkeiten und Beschwernisse eines irdischen Lebens einzulassen. Oder sie sind einfach zu apathisch, um zu irgendwelchen Veränderungen bereit zu sein. Es kann sich aber auch um bereits sehr hochentwickelte Seelen handeln, die die Zeit in der geistigen Welt nutzen wollen für ihre Studien und andere wichtige Aufgaben, die sie nur dort erfolgreich absolvieren können.

Auf der anderen Seite kommt es aber auch vor, dass sich Seelen regelrecht in eine neue Inkarnation drängen. Das könnte daran liegen, dass sie noch dringend etwas zu bereinigen haben, auch wenn sie durch einen unvorhergesehenen Unfall aus dem Leben gerissen wurden, oder dass sie sich zu Lebzeiten durch ein Gelöbnis verpflichtet haben. Vielleicht wollen sie auch auf die möglichen Abenteuer, Erfahrungen und Erlebnisse auf der Erde nicht länger verzichten. Es kann aber auch sein, dass sie vor allem deshalb schnell auf die Erde zurück wollen, weil ihnen klar ist, dass sie durch die dort auf sie wartenden Herausforderungen die Chance haben, viel schneller in ihrer Entwicklung voranzukommen als in der geistigen Welt. Manche sind richtig traurig, wenn sich für sie über einen längeren Zeitraum keine sinnvolle Möglichkeit für eine Inkarnation findet.

So kommt es, dass die Zeiträume, die man in der geistigen Welt verbringt, aus den verschiedensten Gründen unterschiedlich lang sein können. Die Angaben schwanken zwischen wenigen Minuten und Jahrtausenden. Es sieht so aus, als ob sich die Zeiten im Allgemeinen im Laufe der Zeit verkürzt haben. Manche Autoren gehen heute von einem Durchschnittswert von ca. 40 Jahren aus. Das kann natürlich mit der Zunahme unserer Weltbevölkerung zusammenhängen, die eine höhere "Umlaufquote" verlangt. Außerdem werden durch die rasante Entwicklung auf unserer Erde, die innerhalb weniger Jahrzehnte völlig neue Lebensbedingungen schafft, auch was den Umgang der Menschen untereinander anbetrifft, ständig neue Lernchancen eröffnet, die eine schnellere Inkarnation sinnvoll erscheinen lassen. Wenn die Bevölkerungszahl so rapide zunimmt wie zurzeit, können natürlich auch Seelen von anderen Gestirnen zu uns stoßen.

Wie oft eine Seele überhaupt inkarnieren muss und ob diese Inkarnationen unbedingt auf der Erde stattfinden müssen, hängt natürlich von der Entwicklungsstufe ab. Auf keinen Fall kann man sagen, dass eine Seele umso reifer ist, je mehr Inkarnationen sie hinter sich hat. Manche lernen ihre Lektionen eben schneller als andere, und manche brauchen nur sehr wenige Inkarnationen oder sind überhaupt freiwillig auf der Erde. Wer den Begriff "alte Seele" benutzt, sollte immer dazu sagen, was er damit meint.

Erfolgen die Inkarnationen freiwillig?

Interessant ist auch die Frage, ob man sich freiwillig für eine neue Inkarnation entscheidet oder ob man dazu gezwungen wird. Meist wird es so beschrieben, dass die Seele - für den Fall, dass sie von sich aus gar keine Neigung zeigt, sich auf ein neues Erdendasein einzulassen - langsam aber sicher dazu gebracht wird, selbst einzusehen, dass es zu ihrem Besten ist, etwas mehr für ihre Entwicklung zu tun, und diese geht nun einmal auf der Erde sehr viel schneller. Manche Erfahrungen, die speziell für den Betroffenen vonnöten sind, wie beispielsweise der Tod eines geliebten Angehörigen, sind außerdem auch nur dort möglich.

Hierzu zwei kurze Ausschnitte aus einem in Hypnose geführten Dialog zwischen Dr. Newton und einem seiner Klienten. (Die Abkürzung "Dr. N." steht für "Dr. Newton", die Abkürzung "K." für "Klient".)

"Dr. N.: Wann realisierten Sie zum ersten Mal, dass Sie wieder auf die Erde zurückkommen könnten?

K.: Eine sanfte Stimme kommt in mein Bewusstsein und sagt: 'Es wird langsam Zeit, denkst du nicht?'

Dr. N.: Wer ist diese Stimme?

K.: Mein Instruktor. Einige von uns müssen etwas geschubst werden, wenn sie denken, dass wir bereit sind.

Dr. N.: Fühlen Sie sich bereit, auf die Erde zurückzukehren?

K.: Ja, ich denke schon.

(...)

Dr. N.: Gehen wir zurück zu dem, was Sie über die Instruktoren sagten, die Menschen einen Anstoß geben müssen, um die geistige Welt zu verlassen. Wäre es Ihnen lieber, sie würden das nicht tun?

K.: Oh ... ich würde gerne bleiben ... aber die Instruktoren wollen nicht, dass wir hier zu lange herumhängen, weil wir sonst in einen immer gleichen Trott verfallen.

Dr. N.: Könnten Sie darauf bestehen, hierzubleiben?

K.: Nun ... ja ... die Instruktoren zwingen einen nicht, wegzugehen, weil sie so freundlich sind. [*Lacht*] Aber sie haben ihre Wege, einen zu ... ermutigen, wenn die Zeit gekommen ist." *(Newton 2008, S.174/175)*

Bei Kardec findet sich folgender Dialog:

Frage: "Kann der Geist die Zeit bis zur Reinkarnation beschleunigen oder verzögern?"

Antwort: "Er kann sie beschleunigen, indem er sie herbeiwünscht. Schreckt er vor der Prüfung zurück, kann er sie hinausschieben. Aber er tut das nicht ungestraft, er leidet darunter."

Frage: "Wenn ein Geist sich unter den Wandergeistern mittlerer Reife befände und nicht den Trieb zur Vervollkommnung in sich hätte, könnte er seinen Zustand ins Unendliche verlängern?"

Antwort: "Nein, nicht ins Unendliche. Der Fortschritt ist für den Geist ein Bedürfnis, das er früher oder später fühlt. Alle sollen sich vervollkommnen, das ist ihre Bestimmung." *(Kardec 2005, S.138)*

Von den 750 Versuchspersonen von Wambach brachten 67 Prozent einen gewissen Widerstand gegen eine erneute Inkarnation zum Ausdruck. Hier zwei Beispiele für solche Aussagen:

> "Ja, ich entschloß mich, geboren zu werden, obgleich ich fühlte, daß es eine zwiespältige Sache werden würde. Jemand half mir bei der Entscheidung, jemand, der mehr Wissen besaß als ich. Meine Gefühle hinsichtlich des kommenden Lebens waren, daß es eben etwas war, was getan werden musste, so wie man den Boden wischen muss, wenn er schmutzig ist. (Fall A-285)" *(Wambach 1984, S. 55)*

> "Ja, ich entschied mich dafür, geboren zu werden, aber mit großem Widerstreben. Es schien mir, als seien Freunde bei mir gewesen, als ich mich entschloss, und sie sagten: 'Oh, geh schon, es ist gut für dich.' Meine Gefühle hinsichtlich der Aussicht, das kommende Leben zu leben, waren, daß es da viel Mühe geben würde, speziell in meiner Beziehung zu meiner Mutter. (Fall A-142)" *(Wambach 1984, S. 57)*

Es gibt allerdings auch einige positive Stimmen:

> "Ich entschied mich dafür, geboren zu werden, und ich fühlte, daß man mir bei der Entscheidung half, weil ich die Arbeit meines letzten Lebens fortsetzen und korrigieren musste. Ich war darauf gespannt, dieses Leben zu erfahren. (Fall A-157)"
>
> *(Wambach 1984, S. 45)*

> "Ja, ich entschied mich dafür, geboren zu werden. Ich war aufgeregt, glücklich, vertrauensvoll. Mir half bei der Entscheidung eine Gruppe, die beschlossen hatte, zusammenzukommen. Jeder von uns hatte eine Orientierung und eine spezifische Aufgabe. Ich war aufgeregt über die Aussicht, geboren zu werden, aber ich wusste, daß ich es gut bewältigen konnte [sic]. (Fall A-393)" *(Wambach 1984, S.45)*

Nur in einem Fall habe ich das Wort "Zwangsinkarnation" gefunden, und zwar beim Medialen Friedenskreis Berlin [1999].

Bei Kardec hört sich das Ganze etwas milder an:

Frage: "Könnte der Geist sich im letzten Augenblicke weigern, in den von ihm gewählten Leib einzugehen?"

Antwort: "Würde er sich weigern, hätte er dadurch viel mehr zu leiden als derjenige, der gar keine Prüfung versucht hat." *(Kardec 2005, S. 139)*

Es sieht also wirklich so aus, als ob niemand, der es noch nötig hat, eine neue Inkarnation langfristig aufschieben kann.

Die Erstellung des Lebensplans

Nachdem einmal die Entscheidung für eine neue Inkarnation gefallen ist, ist das Wichtigste die Erstellung des Lebensplans für dieses Leben. Warum ist so etwas erforderlich? Es besteht Einigkeit darüber, dass die Inkarnation nicht zum Vergnügen erfolgt, sondern weil ein bestimmtes Ziel damit verfolgt wird. Dieses Ziel heißt: Vervollkommnung, Reinigung und Läuterung, Entwicklung der Fähigkeit zu selbstloser Liebe, Versöhnung mit allen Menschen, mit denen es jemals Schwierigkeiten gegeben hat. Der Weg dahin sieht für jeden Menschen anders aus, je nach dem, was er schon hinter sich hat. Im Lebensplan wird festgelegt, welche konkreten Ziele der Einzelne erreichen oder anstreben und unter welchen Bedingungen das geschehen soll.

Da es dabei auch darum geht, alte schuldhafte Verstrickungen aufzulösen, die einen an bestimmte Personen binden, sind immer wieder Begegnungen mit den gleichen Personen erforderlich. Die Konstellationen, die für die nächste Inkarnation geplant werden, können die gleichen sein wie in einem früheren Leben, also ich bin beispielsweise zweimal die Tochter der gleichen Mutter - oder umgekehrt, das heißt, beim zweiten Mal ist sie die Tochter, und ich bin die Mutter. Wir können aber natürlich auch in ganz anderen Rollen aufeinandertreffen, und es muss sich auch keineswegs immer um verwandtschaftliche Beziehungen handeln.

Auch für die Bearbeitung meiner Charaktermängel ist unter Umständen die Begegnung mit bestimmten Personen zweckmäßig. Diese muss ich aber nicht unbedingt aus einem früheren Leben kennen. Wichtiger ist es hier, dass ich in Situationen gerate, in denen ich mit bestimmten Problemen konfrontiert werde. Ein Beispiel:

In einem früheren Leben in Amerika war ich vielleicht als Aufseher von schwarzen Sklaven besonders grausam. Dann ist unter Umständen ein Leben sinnvoll, in dem ich in die Hände eines gewaltsamen Kidnappers gerate. Da könnte ich lernen, wie sich so etwas anfühlt. Es gäbe aber vielleicht auch die Möglichkeit, dass ich in eine Situation gerate, in der ich noch einmal mit der gleichen Machtfülle ausgestattet bin. Das könnte mir die Möglichkeit geben, es diesmal anders zu machen. Vielleicht erhalte ich aber sogar die Chance zu einer Wiedergutmachung, indem ich die Gelegenheit bekomme, mich kämpferisch für Gepeinigte und Unterdrückte einzusetzen. Die Situationen können also sehr verschieden aussehen, und es muss sich dabei keineswegs um die gleichen Personen handeln, mit denen ich es früher zu tun hatte.

Neben der Festlegung der eigentlichen Lernziele, über die man sich ja vielleicht relativ leicht einigen kann, ist einer der schwierigsten Punkte die Auswahl der beteiligen Personen. Die Begegnung soll ja im Interesse aller Beteiligten sein. Jeder soll schließlich etwas dabei lernen und entsprechend gefordert sein.

Außerdem werden im Lebensplan natürlich auch die äußeren Rahmenbedingungen für das zukünftige Leben festgelegt, also neben der Wahl der Eltern Ort und Zeitpunkt der Geburt, womit bereits wichtige Vorentscheidungen getroffen sind, dazu alle weiteren wichtigen Bezugspersonen, zentrale Lebensstationen, besondere Herausforderungen oder Chancen, wozu auch schwere Krankheiten oder mögliche Unfälle gehören, berufliche Interessen, besondere Begabungen und vieles mehr.

Festgelegt wird auch der Zeitpunkt des Todes, der nur unter ganz besonderen Umständen nachträglich geändert werden kann (von Selbstmord einmal abgesehen). Es kann ein relativ kurzes oder sogar auch sehr kurzes Leben gewählt werden, wenn es beispielsweise darum geht, nur ganz bestimmte Lektionen zu lernen oder den Eltern beim Lernen ihrer Lektionen behilflich zu sein. Offenbar sind auch sogenannte "Ausstiegsmöglichkeiten" eingebaut, Gelegenheiten für die Seele, sich aus eigener Entscheidung aus dem Leben zu verabschieden, wenn ihr die geplanten Aufgaben zu viel werden. Die Angaben über die Zahl solcher Ausstiegsmöglichkeiten schwanken nach meinen Informationen zwischen drei und fünf. Dieser vorgezogene Tod kann dann durch einen Unfall, eine Krankheit oder Ähnliches erfolgen. Auf keinen Fall gehört Selbstmord zu diesen vorbereiteten Ausstiegsmöglichkeiten. Auf das Thema Selbstmord wird in dem Kapitel "Die Schuldfrage" noch näher eingegangen.

Wichtig ist aber vor allen Dingen die Tatsache, dass vor einer Inkarnation nur die Eckpfeiler des zukünftigen Lebens festgelegt werden. Innerhalb dieses vorgegebenen Rahmens kann sich der Mensch so oder so verhalten. Er kann die Lernaufgaben, die er sich vorgenommen hat, erfüllen oder auch nicht. Das ist der sogenannte "freie Wille", einer der wichtigsten Bausteine des ganzen Systems. Es geht also nicht darum, irgendein schweres Schicksal einfach nur stumm zu ertragen, sondern es kommt darauf an, was man daraus macht. Manchmal wird das Bild einer Schulkasse gebraucht: Man kann das Klassenziel erreichen, und zwar verschieden gut, oder nicht. Es gibt also einen sehr großen eigenen Handlungsspielraum. Man kann aus einer schicksalhaften Körperbehinderung, zum Beispiel nach einem Unfall, als "verbitterte Alte" hervorgehen, die sich und allen anderen eine Last ist, oder als gütige, weise Frau, die aus ihrem eigenen Leid die Kraft schöpft, anderen bei der Lösung ihrer Probleme zu helfen. Nach einem schwierigen Leben, das reich an Kränkungen und Entbehrungen und weitgehend vorgegeben war, kann man so voller Hass und Neid auf alle Menschen sein, dass man zum Amokläufer wird. Man könnte sich aber auch darauf beschränken, Selbstmord zu begehen oder gar "das Beste draus zu machen", was immer das sein mag. Der freie Wille, so oder so mit einer gegebenen Situation umzugehen, ist also absolut unangetastet. Was der Mensch aus seinem Leben macht, liegt in seiner alleinigen Verantwortung. Auch auf dieses Thema wird an späterer Stelle noch einmal eingegangen, und zwar in dem Kapitel "Freier Wille oder Vorherbestimmung?".

Hilfen bei der Erstellung des Lebensplans

Die Festlegung des Lebensplans stellt eine sehr komplexe Aufgabe dar und nimmt manchmal Jahre oder gar Jahrhunderte (nach irdischer Zeit) in Anspruch. Und selbstverständlich wird man mit dieser anspruchsvollen Aufgabe nicht alleingelassen. Zunächst helfen dabei die Mitglieder der "Seelengruppe" – auch als "Seelengemeinschaft" oder "Seelenfamilie" bezeichnet –, mit denen man in der geistigen Welt zusammen ist. Dabei handelt es sich um Seelen, die sich oft schon seit sehr langer Zeit kennen und meist ähnlich weit in ihrer Entwicklung sind. Sie helfen und beraten sich gegenseitig. (Besonders lebendig und ausführlich sind sie bei Newton (2006) beschrieben.)

Sie reden zunächst darüber, welcher Zeitpunkt für eine erneute Inkarnation sinnvoll ist, und dann wird lange über eventuelle Ziele gesprochen. Manchmal beschließen Mitglieder einer solchen Gruppe auch, gemeinsam zu inkarnieren, was meist auch bedeutet, dass sie in das gleiche Land gehen. Unter Umständen wollen sie auch an einem gemeinsamen Projekt arbeiten. Oder sie planen, sich in verwandtschaftlichen oder freundschaftlichen Beziehungen zu begegnen, um so die Chance zu erhalten, sich immer wieder aufs Neue miteinander auseinanderzusetzen und daran zu wachsen.

Die letzte Entscheidung über den Lebensplan wird jedoch von hochkompetenten Wesen getroffen, die ihre Inkarnationen auf der Erde oder auch auf anderen Himmelskörpern vor langer, langer Zeit abgeschlossen haben und sich durch höchste Weisheit und Geistigkeit auszeichnen. Sie werden der "Ätherische Rat", der "Karmische Rat", der "Weise Rat", der "Ältestenrat" beziehungsweise "Rat der Ältesten", das "Ätherische Tribunal", die "Älteren Brüder" oder einfach nur "der Rat" genannt. Wie immer sie heißen mögen, in jedem Falle handeln sie im Auftrag und im Sinne Gottes.

Dieser Rat überblickt den gesamten bisherigen Entwicklungsgang des Betroffenen, auch in früheren Leben, und ist so in der Lage zu entscheiden, was das Beste für ihn ist. Je weiter eine Seele in ihrer Entwicklung ist, desto mehr Mitspracherecht hat sie offenbar, und desto weniger muss der Lebensplan in allen Einzelheiten genau ausgearbeitet werden. Oft werden auch unterschiedliche Lebensschicksale mit sehr verschiedenen Ausgangspositionen zur Auswahl vorgelegt. Dabei stellt es sich heraus, dass manche Seelen dazu neigen, sich eher zu viel zuzumuten. Sie fühlen sich offensichtlich zu diesem Zeitpunkt selbstbewusst und zuversichtlich. Ein Medium, bei dem ich vor längerer Zeit ein Seminar besuchte, sprach einmal davon, dass sie selbst wohl "vorgeburtlich den Mund etwas zu voll genommen" habe. In solchen Fällen kann es schon vorkommen, dass einem von dem Rat nahegelegt wird, sich doch lieber etwas weniger zuzumuten. In jedem Fall tut man gut daran, sich an dessen Empfehlungen zu halten. Nach Browne (2002) endet es immer mit Selbstmord, wenn man das nicht tut.

In jedem Fall wird ein sehr hoher Aufwand getrieben, bis man schließlich eine Lösung findet. Wie das Knüpfen eines solchen für alle Beteiligten stimmigen und sinnvollen Netzes im Ganzen überhaupt möglich ist, übersteigt meine Vorstellungskraft, und ich kann nur demütig vor einer Intelligenz und Weisheit stehen, die zu so etwas in der Lage ist. Das allein sollte schon Grund genug sein, dem Rat der hohen Geistwesen, die damit betraut sind, in jedem Fall zuzustimmen. Für das Anliegen dieses Buches ist es von besonderer Bedeutung zu wissen, dass letzten Endes alle Beteiligten, also Eltern wie Kinder, der schließlich gefundenen Lösung zustimmen, so dass niemand das Recht hat, sich nachträglich darüber zu beschweren.

Die Rückschau auf vergangene Leben

Im Rahmen dieses Planungsprozesses findet manchmal auch eine Rückschau auf frühere Leben statt, die wie ein Film abläuft.

Um herauszufinden, welche Aufgaben im Moment anstehen und welche besonderen Konstellationen vielleicht angesagt sind, kann es sinnvoll sein zu schauen, wie man in früheren Leben bei vergleichbaren Gelegenheiten reagiert hat. Wenn sich herausstellt, dass man in bestimmten Situationen immer wieder versagt hat, bekommt man sie eben aufs Neue vorgelegt, bis man seine Lektion gelernt hat.

Der Begriff "Wiederholungszwang" aus der Psychoanalyse, der besagt, dass manche Personen es offenbar schaffen, immer wieder in ähnliche schwierige Situationen hineinzugeraten, bekommt hier eine ganz neue Bedeutung. Vielleicht werden ihnen diese Situationen tatsächlich auch von außen vorgegeben, und das nicht nur innerhalb eines Lebens, sondern sogar über die verschiedenen Inkarnationen hinweg.

Wichtiger als bei der Vorbereitung eines neuen Lebens sind diese Rückschauen allerdings nach der Beendigung eines Erdenlebens, wenn die Seele in die geistige Welt zurückkehrt. Insofern spielen sie für das Thema dieses Buches keine zentrale Rolle. Aber wegen der außerordentlichen Bedeutung, die sie für unser gesamtes Leben haben, soll hier doch etwas näher darauf eingegangen werden.

Viele Seelen reagieren völlig entsetzt, wenn sie nach ihrer Rückkehr in die geistige Welt mit ihrem gerade vergangenen Leben konfrontiert werden und dabei feststellen müssen, wie sehr sie sich in den Strudel des Lebens haben hineinziehen lassen und es darüber versäumt haben, die wichtigen Lernaufgaben, die für dieses Leben vorgesehen waren, zu erfüllen. Immerhin ist es schön zu wissen, dass man bei dieser Rückschau nicht von strengen Richtern verurteilt wird, sondern liebevoll begleitet wird und vor allem Ermutigung und Unterstützung erfährt. Man selbst ist es vielmehr, der sich der vergangenen Schwächen und Unterlassungen schmerzlich bewusst wird. Und es geht auch nicht darum, ob man nun objektiv gut oder böse gewesen ist, sondern ob man seine Lebensaufgabe erfüllt hat oder nicht. Der Entwicklungsstand der Seele kann dabei sehr verschieden sein, es geht nur darum, wie man sich im Rahmen seiner Möglichkeiten verhalten hat. Um zu zeigen, wie erschütternd solche Rückschausitzungen sein können, im Folgenden zwei Beispiele:

Ford berichtet von einer solchen Rückschau auf sein Leben, allerdings nicht nach Beendigung seines irdischen Lebens, sondern während eines länger andauernden komatösen Zustands:

> “Irgendwann - ich hatte keinerlei Zeitgefühl mehr - fand ich mich vor einem blendend weißen Gebäude stehen. Als ich eingetreten war, bedeutete man mir, in dem riesigen Vorraum zu warten, bis über meinen Fall entschieden worden sei. Durch große Türen konnte ich zwei lange Tische sehen, an denen Leute saßen und sprachen - sie sprachen über mich. Schuldbewusst begann ich mit einer Bestandsaufnahme meines Lebens. Sie ergab kein sehr erfreuliches Bild. Die Leute an den Tischen waren mit der gleichen Bilanz beschäftigt, aber das, was mir Kummer machte, schien für sie weniger gravierend zu sein. Die herkömmlichen Sünden, vor denen man mich als Kind gewarnt hatte, wurden kaum beachtet. Aber es gab ernste Besorgnisse wegen solcher ‘Delikte’ wie Selbstsucht, Egoismus, Dummheit. Wiederholt fiel das Wort ‘Ver-

schwendung' - nicht im Sinne von Ausschweifung und Liederlichkeit, sondern als Vergeudung von Energien, Talenten und Gelegenheiten. Auf der anderen Seite wurden lobend einige geringfügige Dinge erwähnt, die wir alle von Zeit zu Zeit tun, ohne ihnen irgendwelche Bedeutung beizumessen. Die 'Richter' versuchten, die Grundzüge meines Lebens herauszufinden. Sie erwähnten, daß ich versäumt hatte, das zu erfüllen, 'wovon er wußte, daß er es fertigzustellen haben würde'. Es schien, daß mir eine Aufgabe zugedacht gewesen war, die ich nicht erfüllt hatte. Es hatte offenbar einen Plan für mein Leben gegeben, den ich nicht begriffen hatte. 'Sie schicken mich wieder zurück', dachte ich voller Bedauern."

(Ford 1972, S. 217/218)

Ein anderer Fall, bei dem es jedoch eine freudige Überraschung gab, wird bei Greaves beschrieben:

Ein erfolgreicher und sehr bekannter Chirurg hatte, nachdem ihm einmal bei einer Operation ein tödlicher Fehler unterlaufen war, zu Drogen gegriffen, um seine seither bestehende Angst und Unsicherheit zu betäuben, war schwer drogenabhängig geworden und schließlich in einem Heim jämmerlich zugrunde gegangen. Er fühlte sich als Versager und voller Reue und Schande, konnte aber bei seiner Lebensrückschau erleben, dass ihm, trotz seines Versagens am Ende seines Lebens, die wunderbare Hilfe, die vorher so viele Menschen durch ihn erhalten hatten, hoch angerechnet wurde und "dass er tatsächlich seine Aufgabe erfüllt hatte", obwohl er den Kontakt mit seiner Geistseele nicht intensiv genug gehalten hatte. (Greaves 1982,

S. 70) Es war für ihn wie für alle ihn begleitenden Wesen eine sehr beglückende Erfahrung.

Mehr soll im Rahmen dieses Buches zu den Rückschausitzungen nicht gesagt werden. Ich halte sie für eines der wichtigsten Instrumente, wenn es um die selbstverantwortliche Entwicklung des Menschen geht. In jedem Fall hört sich das alles sehr viel menschenfreundlicher an als die Vorstellung eines Jüngsten Gerichts, bei dem am Ende aller Tage entschieden wird, ob man endgültig in den Himmel oder in die Hölle kommt.

Verabredungen für das neue Leben

Natürlich ist es auch notwendig, mit allen wichtigen Personen, mit denen man im nächsten Leben zusammenkommen soll, konkrete Verabredungen zu treffen. Das kann unter Umständen schon geschehen, bevor die jeweils Beteiligten sich inkarnieren. Was aber geschieht, wenn Verabredungen getroffen werden sollen mit Personen, die bereits auf der Erde inkarniert sind? Gerade wenn es um Verabredungen mit den zukünftigen Eltern geht, könnte das relativ häufig der Fall sein. Sie könnten bereits ein Paar sein oder auch nicht. Ich habe bisher zwei mögliche Erklärungen gefunden: Browne (2002) spricht davon, dass Verabredungen mit bereits Inkarnierten stellvertretend mit deren Geistführern getroffen werden. Schwieriger ist für viele wohl die Vorstellung, die sich jedoch immer wieder in der entsprechenden Literatur findet, dass bei jeder Inkarnation Seelenanteile in der geistigen Welt zurückbleiben (mit denen man natürlich, ohne es zu merken, immer in Kontakt ist), die dann solche Verabredungen übernehmen.

Wenn es um Verabredungen mit Personen geht, die man erst im Laufe des Lebens kennenlernen soll, werden auch Kennzeichen vereinbart, an denen man sich erkennen kann, natürlich unbewusst. Es geschieht ja relativ häufig, dass einem ein Mensch, dem man zum ersten Mal begegnet, vom ersten Augenblick an so vertraut ist, dass man ihn zu kennen meint. Wahrscheinlich ist das in der Regel auch tatsächlich der Fall.

Es werden außerdem die notwendigen Verabredungen mit den zukünftigen Schutzengeln und Geistführern getroffen, die die Seele auf ihrem Erdenweg begleiten werden. Es sieht so aus, als ob die Schutzengel, die einer höheren Ebene entstammen, für das ganze Leben die gleichen sind, während sich die Geistführer, auch in Abhängigkeit von der Entwicklung des Betroffenen, im Laufe des Lebens ändern können. Beide sind ein wichtiger Teil des Lebensplans, ohne ihre Hilfe wird niemand auf den beschwerlichen Weg geschickt.

Abschied von der geistigen Welt und Ankunft im Mutterleib

Über die Verabschiedung von der geistigen Welt habe ich in der Literatur bisher sehr wenig gefunden. Des Öfteren ist die Rede davon, dass die Seele in das "Wasser des Vergessens" eintaucht - ein Begriff von Plato, der allerdings vom Trinken dieses Wassers sprach -, bevor sie den Reinkarnationsweg antritt. Von Leuten, die davon ausgehen, dass wir über ein eventuelles Fortleben nach dem Tod nichts wissen können, kann man manchmal den Satz hören: "Es ist noch nie jemand zurückgekommen." Dieser Satz stimmt so nicht. Doch, wir sind von dort gekommen, wir können uns nur nicht erinnern. Nicht immer ist dieses Vergessen allerdings vollständig. Manchmal geschieht es auch erst im Laufe der Kindheit. Kinder, die noch näher am vergangenen Geschehen sind, berichten relativ häufig über solche Erinnerungen, es liegen auch einige Bücher darüber vor. Aber auch Erwachsene haben gelegentlich Spontanerinnerungen, häufig auch sogenannte Déjà-vu-Erlebnisse, die ausgelöst werden durch etwas, was ihnen in der Umwelt begegnet.

Spannend ist vor allem die Frage, wie der Prozess der Umwandlung einer Seele von der zwar feinstofflichen, aber innerhalb der geistigen Welt und von hellsichtigen Personen durchaus wahrnehmbaren Form in etwas anderes vor sich geht, das sich mit einem physischen Körper vereinigt. Bei Newton (2008) finden sich auch darüber interessante Aussagen.

Viele Menschen interessiert aber vor allem die Frage, zu welchem Zeitpunkt die Seele in den Mutterleib einzieht. Es scheint ziemlich klar zu sein, dass das keineswegs bei allen Seelen zum gleichen Zeitpunkt geschieht. Manchmal "schwebt" die Seele bereits vor der Zeugung in der Nähe der Eltern herum, um sich mit der Atmosphäre vertraut zu machen. In anderen Fällen, wenn sich Mutter und Kind gut verstehen und beide Seiten Sehnsucht nacheinander verspüren, tritt die Seele bereits kurz nach der Zeugung ein und verbleibt im Mutterleib.

Viel öfter scheint es allerdings vorzukommen, dass der Eintritt erst nach und nach geschieht und die inkarnationswillige Seele immer mal wieder "kurz vorbeischaut" und sich dann wieder entfernt. Nach Van Praagh (o. J.) verbringt die Seele etwa ab den letzten zwei Monaten vor der Geburt mehr und mehr Zeit bei der Mutter. Cerminara (o. J.) betont, dass laut Cayce der Eintritt der Seele in den Mutterleib jedenfalls *nicht* mit dem Augenblick der Empfängnis zusammenfällt; er geschieht manchmal sogar erst kurz nach der Geburt.

Dass das Kind bereits vor der Geburt am Leben der Mutter teilnimmt, kann nach den vielen Rückführungsberichten, die darüber vorliegen, sowie den Erfahrungen aus Rebirthing-Therapien niemand mehr ernsthaft bestreiten. Besonders belastend ist es für das Kind natürlich, wenn es während dieser Zeit feststellen muss, dass es nicht willkommen ist.

Faszinierend ist in diesem Zusammenhang das Buch von Coudris (1985), in dem die medial begabte Mutter den Dialog mit der Seele ihres noch ungeborenen Kindes wiedergibt, der erst kurz vor der Geburt abbricht.

3. Kapitel

Kinder und ihre Eltern

Kinder haben es (oft) nicht leicht mit ihren Eltern

Was bedeutet nun das bisher Gesagte für unser Verständnis der Beziehung zwischen Kindern und ihren Eltern? Ist es wirklich möglich, hier einen völlig neuen Zugang zu gewinnen?

Dass Kinder es unter Umständen nicht leicht haben mit ihren Eltern, wird niemand bestreiten wollen. Oft erhalten sie tatsächlich nicht das nötige Maß an Zuwendung, Schutz, Unterstützung und Respekt, das man ihnen für eine optimale Entwicklung wünschen würde. Sie werden abgewertet oder auch ausgebeutet, und es kann zu regelrechter Vernachlässigung oder zu körperlicher oder seelischer Grausamkeit kommen. Manchmal geschieht das auch auf sehr subtile und nach außen nicht ohne Weiteres sichtbare Weise. Das Reden von der sogenannten “glücklichen Kindheit” muss manchen Menschen tatsächlich wie der reine Hohn erscheinen. Kindheit bedeutet für sie unter Umständen nichts anderes als ohnmächtig stillzuhalten und versuchen zu überleben, bis man groß ist.

Wir leben nun einmal in einer Zeit, in der Kindern im Allgemeinen das Recht auf Menschenwürde und Entfaltung der Persönlichkeit mit großer Selbstverständlichkeit zugebilligt wird (was im Laufe unserer Geschichte keineswegs immer selbstverständlich war), und Kinder spüren sehr wohl, ob ihnen dieses Recht gewährt wird oder nicht. Spätestens wenn sie erwachsen sind, wird ihnen das oft bitter bewusst. Und wenn sie sich dann gar noch in psychotherapeutischer Behandlung befinden, bricht es oft sehr massiv aus ihnen heraus. Hier einige Aussagen über die eigenen Eltern von verschiedenen meiner Patienten: "Diese Frau ist eine Zumutung!" "Er hatte sein Leben lang immer nur seine eigenen Interessen im Auge." "Sie missbraucht ihre Kinder, um sich selbst besser zu fühlen." "Mein Vater gehört auf eine Ausstellung!" "Sie nimmt mir die Luft zum Atmen. Ich hasse, hasse, hasse sie!"

Offenbar ist es jedoch nötig, sich mit solchen Eltern spätestens als Erwachsener auseinanderzusetzen, wenn man schließlich zu einer eigenen Identität finden will, in der früher Erlebtes nicht mehr verleugnet oder verdrängt werden muss, aber seine schädigende Wirkung für das gegenwärtige Leben verloren hat. Und das ist oft ein langer und steiniger Weg.

Dabei hilft es auch meist nicht viel, wenn man sich klarmacht, wie unendlich privilegiert wir allein durch die Tatsache sind, dass wir zu dieser Zeit in Westeuropa geboren sind. Wir gehören nicht zu den "Wegwerfkindern", für die niemand zuständig ist, oder zu denen, die aufs Übelste als Arbeitssklaven ausgebeutet oder zur Prostitution gezwungen werden. Alle diese Kinder haben eigentlich auch Eltern!

Da haben wir es doch sehr viel leichter. Trotzdem sollten auch wir uns bemühen, uns mit unseren Eltern auszusöhnen, sogar wenn sie schon tot sind. Das ist allein schon aus eigenem Interesse nötig, wenn wir zu einer geglückten, eigenständigen Lebensführung kommen wollen. Nach meiner Vorstellung muss am Ende aber nicht unbedingt Liebe zu den Eltern als eine persönliche Form der Bindung bestehen. Wenn es gelingt, sie in dem Sinne zu lieben, in dem man alle Menschen lieben soll, nämlich als Wesen, die versuchen, ihren Weg zu gehen, und denen man dafür alles Gute wünscht, denen man vielleicht sogar hilft, soweit es möglich ist, dann ist wirklich viel gewonnen.

Hilfreich kann es dabei durchaus sein, wenn man sich klarmacht, dass auch die Eltern eine Vorgeschichte haben, die sie zu dem gemacht hat, was sie jetzt sind. Es ist erschütternd zu sehen, wie wenig Kinder oft über das Leben ihrer Eltern wissen. Dabei reden besonders ältere Menschen meist ganz gern über ihr früheres Leben, besonders ihre Jugend, nur werden sie selten danach gefragt. Das gilt besonders für die Generation der jetzt wirklich alten Eltern, von denen ein großer Teil allein schon durch die Kriegs- und Nachkriegszeit schwer traumatisiert ist und die es meist nicht gelernt hat, über eigene Probleme oder gar Leiden zu sprechen. Die Eltern kennenzulernen als Menschen mit einer eigenen, oft leidvollen Geschichte kann bereits dazu beitragen, ihr Verhalten zu verstehen und es ihnen nachzusehen.

Dazu kann dann noch die Einsicht kommen, dass man von den Eltern in der Regel nicht nur Schlechtes, sondern auch sehr viel Gutes erfahren hat (sonst hätte man wahrscheinlich gar nicht überlebt). Oft ist es auch tatsächlich nicht schwer zu sehen, dass Eltern sich wirklich sehr bemüht haben, das Beste für ihre Kinder zu tun, und man kann die verzweifelten Rechtfertigungsversuche von Eltern, wenn es denn zu einer nachträglichen Auseinandersetzung zwischen Kindern und Eltern kommt, immer wieder hören: "Ich habe es nicht besser gewusst." "Ich wollte nur das Beste für dich." "Ich wollte, dass mal etwas aus dir wird. Du solltest es einmal besser haben als ich." Allerdings wünschen sich nach meiner Erfahrung die meisten Menschen statt eines solchen Rechtfertigungsversuchs eher ein einfaches Eingeständnis: "Ja, ich habe etwas falsch gemacht. Es tut mir leid." Mehr wollen sie oft gar nicht hören, aber es wird ihnen nur selten gewährt.

Im Folgenden soll nun gezeigt werden, wie sehr sich dieser Aussöhnungsprozess erleichtern lässt, wenn man die Reinkarnationslehre akzeptiert. Welche Aussagen sind im Einzelnen geeignet, ein neues Licht auf die Eltern-Kind-Beziehung zu werfen?

Wer hat die Eltern ausgesucht?

Wer hat denn eigentlich entschieden, bei welchen Eltern ich geboren werde? Wenn es nun besonders schreckliche Eltern waren, die mich ein Leben lang misshandelt, ausgenutzt oder abgewertet haben, so darf ich wohl mit Recht fragen: War es Gott persönlich, der das so gewollt hat? Wenn ja, was soll das für ein Gott sein? Wenn er alle Menschen, also auch mich liebt, wie kann er so etwas zulassen? Und wenn er doch angeblich allmächtig ist, warum hat er nicht eingegriffen und es geändert? War ich ihm etwa zu unwichtig?

Auch die christlichen Kirchen haben sich mit der Frage, wie es mit der Vorstellung eines liebenden und allmächtigen Gottes zu vereinbaren ist, dass es so viel Leid und Bosheit auf der Welt gibt, die er nicht verhindert, seit Jahrhunderten unter dem Begriff "Theodizee" beschäftigt, ohne dass sie darauf eine befriedigende Antwort gefunden hätten. Und sie kann meiner Meinung nach auch nicht gefunden werden, wenn ich davon ausgehe, dass Gott in erster Linie dafür zu sorgen hat, dass es mir gutgeht und dass mein Leben nicht zu beschwerlich ist.

Wenn ich jedoch weiß, dass ich vor allen Dingen auf der Erde bin, um hier die nötigen Erfahrungen zu machen, die mich zu einem reifen, liebenden Menschen machen sollen, und dass es gerade diese Eltern sind, die mich in meiner gegenwärtigen Situation am besten weiterbringen können, dann bekommt die Sache ein ganz anderes Gesicht. Ich kann mir viele schmerzliche Vorwürfe sparen, die ja vielleicht sogar noch schwerwiegender sind, wenn sie sich gegen Gott richten und nicht in erster Linie gegen die Eltern. Es geht hier also vor allem darum, dass ich meinen Frieden mit Gott mache, was wohl das Wichtigere ist, wenn ich ein Mensch werden will, der halbwegs mit seinem Leben zufrieden ist. Ich habe es nicht nötig, verbittert oder atheistisch zu werden.

Die Wahl der Eltern ist kein Zufall

Nun könnte es ja sein, dass es dem Zufall überlassen bleibt, zu welchen Eltern man schließlich kommt, und dass es müßig ist, nach einem tieferen Sinn zu fragen, der dahinterstecken soll, weil es ihn nicht gibt. Ich persönlich finde eine solche Vorstellung besonders unerträglich. Vieles lässt sich leichter ertragen, wenn es zu irgendetwas gut ist, auch wenn sich das erst nach Beendigung dieses Lebens zeigt.

Ich denke aber, dass es, jedenfalls in unseren Breiten, sehr viele Menschen gibt, die sich, auch wenn sie sich dessen nicht bewusst sind, mit dieser Sinnlosigkeit arrangiert haben. Man hat eben bei der Wahl der Eltern mehr Glück oder mehr Pech gehabt! Was soll's? Man muss sehen, wie man damit klarkommt. Wir haben uns offenbar bereits so sehr an die Vorstellung gewöhnt, dass sich kein tieferer Sinn hinter unserem Dasein verbirgt - außer vielleicht, dass wir lernen sollen, uns am Leben zu erfreuen, ohne allzu viel Böses zu tun –, dass wir es kaum noch bemerken.

Das Besondere an der Reinkarnationslehre ist nun aber die Annahme, dass zwischen den verschiedenen Erdenleben ein sinnvoller Zusammenhang besteht, dass sie aufeinander aufbauen und so eine langfristige Entwicklung ermöglichen, die uns letzten Endes näher zu Gott führen soll. Wenn die Eltern, die man in diesem Leben hat, nur ein notwendiger Baustein auf diesem in sich sinnvollen Weg sind, dann ist es sehr viel leichter, sie so zu akzeptieren, wie sie sind.

Auf die Auswahl der Eltern wird sehr viel Mühe verwendet

Die Auswahl der zukünftigen Eltern spielt für das gesamte Leben naturgemäß eine zentrale Rolle. Sie haben nicht nur einen großen Einfluss auf die Entwicklung des Kindes, von ihnen stammen schließlich auch die Erbanlagen ab. Entsprechend viel Sorgfalt wird bei der Erstellung des Lebensplans auf die Auswahl der richtigen Eltern gelegt. Manchmal braucht es jahrelang, bis eine Lösung gefunden ist, die allen Beteiligten gerecht wird, und stets wird sie mit aller nur denkbaren Weisheit, Liebe und Sorgfalt getroffen. Ich kann mir kaum etwas vorstellen, was besser geeignet wäre, mich mit den Eltern, die ich nun einmal bekommen habe, auszusöhnen. Zwar weiß ich nicht im Einzelnen, welches die Gründe sind, die uns zusammengeführt haben, und welches die speziellen Probleme sind, die wir miteinander aufzuarbeiten haben. Aber allein schon das Wissen darüber, dass wir einander offenbar nötig hatten und dass so viel Mühe darauf verwandt wurde, uns eine solche Chance zu geben, mag dazu beitragen, dass ich loslasse und mich, statt den Eltern Vorwürfe zu machen, lieber auf meinen eigenen Lernprozess konzentriere.

Vor allem entfällt das Problem der Ungerechtigkeit. Wenn ich ganz offensichtlich "schlechtere" Eltern bekommen habe als mein Nachbar, dann liegt das eben daran, dass meine Lernsituation eine andere ist oder war und gerade diese Eltern als besonders geeignet erscheinen ließ, um mich in meiner Entwicklung ein Stück voranzubringen. Auf die näheren Umstände dieses Entscheidungsprozesses wird in den folgenden Kapiteln näher eingegangen.

Wir haben der Wahl unserer Eltern zugestimmt

Dieser Punkt erscheint mir als einer der wichtigsten in dem ganzen Konzept. Wenn ich doch damit einverstanden war, mich bei diesen Eltern zu inkarnieren, was habe ich da nachträglich zu jammern oder mich zu beschweren, wenn die Eltern nicht so sind, wie ich sie mir jetzt wünschen würde? Ich habe nicht mehr die geringste Berechtigung, mich als Opfer zu fühlen, habe ich es doch selbst so gewollt! Stattdessen bin ich Partner in einem Prozess, der alle Beteiligten weiterbringen soll. Und ich trage für meinen Part in diesem Spiel die volle Verantwortung.

Ich könnte also, statt meine Zeit mit wütenden und oft jahrelang andauernden Anklagen zu vertun, schneller dazu übergehen zu sagen: "So sind sie nun einmal! Was sollte ich wohl bei ihnen lernen?" Ich weiß, dass sich das für viele sehr hart anhören muss. Es bedeutet auch, auf den oft gebrauchten Satz zu verzichten, der immer wieder zum Einsatz kommt, wenn man eine Rechtfertigung für besondere Lebensschwierigkeiten braucht: "Meine Mutter hat mich nie geliebt!" Mag schon sein, dass das stimmt. Aber es bringt mich weiter, wenn es mir gelingt, auch darin eine Herausforderung zu sehen, die ich wohl nötig und bei der ich etwas zu lernen hatte. Auch wenn ich über diesen Entscheidungsprozess jetzt nichts mehr weiß, war ich zu einem früheren Zeitpunkt offenbar von der Richtigkeit der Entscheidung überzeugt. Ich habe keinen Grund mehr, irgendjemandem einen Vorwurf zu machen, weder meinen Eltern noch einem willkürlichen Schicksal noch Gott.

Nun geht es ja bei der Entscheidung für die zukünftigen Eltern nicht nur darum, dass sie für die Kinder die richtigen sind. Die Eltern sind schließlich auch Menschen, und auch sie sollen und wollen etwas lernen, was für ihre eigene Entwicklung wichtig ist. Darum werden sie an diesem wichtigen Entscheidungsprozess ebenfalls beteiligt, der in der Regel so lange fortgesetzt wird, bis beide Seiten ihr Einverständnis zu dieser Entscheidung erklärt haben.

Selbst besonders schwierige Beziehungen zu den Eltern werden vorher vereinbart

Es gibt verschiedene Berichte, aus denen deutlich wird, dass bereits vor der Geburt klar ist, wie schwierig die geplante Begegnung sich gestalten wird. Ein Patient von Whitton, dem in der Vorbereitungszeit gesagt wurde, seine persönliche Entwicklung werde am besten dadurch gefördert, dass er als Kind einer Frau geboren werde, die er in einem früheren Leben ermordet hatte, seufzte nur: "O nein - nicht schon wieder mit *ihr*!"

(Whitton/Fischer 1989, S. 65)

In einem anderen Fall wird noch ausführlicher beschrieben, was die Patientin dabei erlebte:

> "Doch was Heather über ihre bevorstehende Inkarnation erfuhr, war alles andere als ermutigend. Alles deutete darauf hin, daß sie ein Leben voller Enttäuschungen, Zurückweisungen und Tränen führen

werde. Noch beunruhigender war es, daß man sie anwies – ohne daß sie darum gebeten hätte –, sich für eine ganz bestimmte Mutter zu entscheiden. Es war das letzte, was Heather hören wollte ...
'Ich wurde von Furcht und Schrecken gepackt. Ich flehte darum, nicht von dieser Mutter geboren zu werden, hatte jedoch den Eindruck, daß es ein Teil dessen sei, was ich für das verfehlte Leben von Isobel (Name in der vorigen Inkarnation, Anm. der Verf.) bezahlen mußte. Mein Entsetzen war unbeschreiblich. Dann sah ich meine Großmutter, an die ich mich aus einer glücklicheren Inkarnation erinnerte, und fühlte mich schon etwas besser. Ich liebte sie und freute mich darauf, sie wiederzusehen.'"

(Whitton/Fischer 1989, S. 151)

Interessant finde ich die Formulierung "daß man sie *anwies (...),* sich für eine ganz bestimmte Mutter zu *entscheiden*". Offenbar wird Wert darauf gelegt, dass man selbst den aufgezeigten Weg akzeptiert, aber der Entscheidungsspielraum scheint gering zu sein, da man selbst einsieht, dass die vorgeschlagene Begegnung zwar bitter, aber für die eigene Entwicklung besonders förderlich ist.

Im Laufe der späteren Rückführungen wurde auch deutlich, warum die Patientin so entsetzt reagierte. Die vorgesehene Mutter war eine Frau, der die Patientin in einem früheren Leben den Verlobten ausgespannt hatte, den sie dann selbst heiratete. Die Frau hatte sich aufs Schrecklichste gerächt, indem sie dafür sorgte, dass die Patientin vor ein Inquisitionsgericht kam, wo sie furchtbar gefoltert wurde, bis sie schließlich eines grausamen Todes starb.

Ein interessanter Fall findet sich auch bei Newton. Hier war es der zu Inkarnierende selbst, der Wert darauf legte, es in der kommenden Inkarnation mit seinem Vater besonders schwer zu haben. Es wird eine Szene beschrieben, in der der Klient Ray nach Beendigung seines irdischen Lebens auf seinen Vater Carl trifft, unter dem er sehr zu leiden gehabt hatte. Hier ein Auszug, in dem es vor allem um die Frage geht, warum die beiden übereingekommen waren, es so besonders schwer für Ray zu machen:

"Dr. N.: Kehren wir noch einmal zu den Umständen zurück, die deinen Entschluss reifen ließen, dir einen strengen Vater auszusuchen, der dazu neigte, dir das Leben absichtlich schwer zu machen. Auch wenn Carl es dabei nicht zu weit getrieben hätte, verstehe ich immer noch nicht, warum du freiwillig die Rolle seines Sohnes gespielt hast.

(...)

K.: Ich hatte (in dem Leben davor, die Verf.) niemanden, an dem ich mich als Kind orientieren konnte. Meine Mutter war gestorben, und als Kind allein gelassen zu werden kann entweder sehr förderlich sein oder dich ruinieren. Das Problem war ... dass ich wenig Rücksicht auf andere nahm, je älter und selbstbewusster ich wurde. Nehmen war für mich viel selbstverständlicher als Geben. Ich hatte das Gefühl, die Leute waren mir etwas schuldig.

Dr. N.: Hör mal, Ray, musst du wirklich so extrem werden? Wie wäre es mit einem liebevollen Vater für das Leben gewesen, das du mit Carl geplant hast, um einen Ausgleich für dein Leben als Waisenkind zu schaffen?

(...)

Wie kam es dazu, dass Carl und du schließlich übereinkamen, gemeinsam ein schwieriges Leben anzugehen?

K.: Ix-Ax (Rays Geistführer, die Verf.) kennt uns zu gut. Für ein Leben, in dem ich mit Glacéhandschuhen angefasst werde, bin ich schon zu weit. Wir baten ihn schließlich darum, alles für ein schwieriges Leben vorzubereiten.

(...)

Dr. N.: Was war die wichtigste Lektion für dich in deinen beiden letzten Leben?

K.: Meine Identität nicht zu verlieren, mochten auch die Umstände noch so widrig gewesen sein. Das wird mich als Seele stärken.

Dr. N.: Da bin ich ganz sicher, Ray. Aber ich denke, es wäre keine schlechte Idee, wenn du es ab jetzt etwas langsamer angehen lassen und dir keine so schwierigen Leben mehr aussuchen würdest. Wäre es so vermessen, wenn du nun etwas langsamer treten würdest und eine bessere Grundlage schafftest, um in einem weiteren Leben deine Identität stärken zu können?

K. [*deutlich verärgert über diesen Vorschlag*] Nein! Ich sagte doch schon, das wäre kein Problem, und Ix-Ax weiß das auch. Meine Stärke ist Durchhaltevermögen trotz widriger Umstände. Mein Leben mit Carl als Vater war eine Art Prüfung, ob ich mich von meinem vorherigen Leben als Waisenkind erholt hatte, und ich betrachte es nicht als Fehlschlag. [*Nachdrücklich:*] Ich habe viel für das nächste Leben gelernt, und das habe ich Carl gesagt, damit er sich besser fühlt."

(Newton 2006, S. 254-256)

Die Szene endet damit, dass schließlich ein "vollkommenes gegenseitiges Verständnis" zwischen Ray und seinem Vater Carl hergestellt wird.

Nun lässt es sich nicht leugnen, dass es auch Konstellationen zwischen Kindern und ihren Eltern gibt, die wirklich kaum zu ertragen sind und in denen das Kind tatsächlich das Opfer der Eltern wird. Man denke nur an die vielen skandalösen Berichte in der Presse über Fälle von Vernachlässigung und Misshandlung, die zum Teil bis zum Tod des Kindes führen. Es ist nicht ganz leicht, sich vorzustellen, dass das Kind vor seiner Inkarnation einem solchen Schicksal wirklich zugestimmt haben soll - das gebe ich zu. Was sollen denn das für Gründe gewesen sein?

Auf jeden Fall ist es aber unzulässig zu sagen, dass ein Mensch, dem ein besonders schweres Los aufgebürdet ist, jemand ist, der in einem früheren Leben besonders viel Schuld auf sich geladen hat. Es könnte auch sein, dass es sich dabei um jemanden handelt, der sich für dieses Leben besonders viel vorgenommen hat, und dass man ihm die Bewältigung auch zugetraut hat. Das schließt jedoch nicht aus, dass die Eltern in einem solchen Fall durch ihr Tun aufs Neue schwere Schuld auf sich laden. Wenn jemand ein relativ leichtes und angenehmes Leben hat, muss das auf der anderen Seite auch nicht heißen, dass er alles schon bewältigt hat. Vielleicht wurde ihm gerade eine Verschnaufpause oder eine Konsolidierungsphase zugebilligt.

Warum gerade diese Eltern?

In den meisten Fällen kennen die Kinder ihre jetzigen Eltern bereits aus früheren Leben. Bei Wambach berichten 87 Prozent der Klienten, dass sie mindestens ein Elternteil von früher kennen. Hier einige Beispiele:

> "Meine Mutter war schon einmal meine Mutter in einer Lebenszeit um 500 vor Christus, und ich habe sie damals auch nicht gemocht. (Fall A-398)"
>
> *(Wambach 1984, S. 99)*

> "Meine Mutter war in einem früheren Leben ein enger Freund. Mein Vater war meine Frau, die ich meist grausam behandelte. (Fall A-460)"
>
> *(Wambach 1984, S. 98)*

> "Ich kannte meine Mutter in dem Stadium vor der Geburt, aber nicht als jemanden, den ich aus einem

> früheren irdischen Leben gekannt hatte. Mein Vater war in einem früheren Leben an meinem Tod schuld. (Fall A-424)" *(Wambach 1984, S. 98)*

Schon an diesen wenigen Beispielen wird deutlich, welche komplexen Beziehungsmuster sich aus diesen Vorerfahrungen ergeben können. Selbstverständlich wird es darunter auch viele positive Beziehungen gegeben haben, und man trifft sich wieder, um sich zu helfen und sich gemeinsam weiterzuentwickeln. Es darf ja nicht übersehen werden, wie viele Fälle es gibt, in denen das Kind vom ersten Augenblick an Vertrauen zu den Eltern hat und tatsächlich von ihnen vor allem Liebe, Wärme, Geborgenheit, Schutz, Fürsorge und Förderung erhält.

Häufig geht es aber auch um die Gelegenheit, sich mit alten karmischen Belastungen auseinanderzusetzen. Wahrscheinlich ist es das, woran die meisten Menschen zuerst denken, wenn von Schwierigkeiten zwischen Kindern und Eltern im Zusammenhang mit Reinkarnation die Rede ist. Es ist ja auch am spektakulärsten. Niemand wird sich wundern, dass es Probleme zwischen Vater und Sohn gibt, wenn sich herausstellen sollte, dass der Vater in einem früheren Leben als Richter den Sohn zum Tode verurteilt hat, vielleicht sogar zu Unrecht. Das kann ja eigentlich nicht ohne größere Schwierigkeiten abgehen.

Bei einer solchen "Täter-Opfer-Konstellation" geht es häufig darum, dass derjenige, der in einem früheren Leben der Täter war, jetzt das Opfer ist. Das muss aber nicht unbedingt so sein. Es könnte auch zu einer Neuauflage der alten Konstellation unter veränderten Bedingungen kommen, die die Chance für beide Seiten enthält, eine Sache anders und besser anzugehen.

Und es wären auch gänzlich neue Konstellationen möglich, zum Beispiel wenn der eine die Chance erhält, als Helfer für den anderen aufzutreten.

Es bleibt der Phantasie des Lesers überlassen, sich vorzustellen, wie vielgestaltig diese Möglichkeiten sind, besonders wenn man sich klarmacht, dass man ja üblicherweise zwei Eltern hat. Welche Rolle spielt der eine und welche der andere? Man kann wohl davon ausgehen, dass, wenn es um karmische Belastungen geht, einer der beiden Elternteile der am meisten Betroffene ist. Das würde auch erklären, warum es besondere Schwierigkeiten oft nur mit einem der beiden Elternteile gibt. Der andere könnte dann die Funktion haben, ausgleichend zu wirken. Es könnte aber auch sein, dass er mit dem Problem überhaupt nichts zu tun hat und sich vor allem wegen der Beziehung zu der Mutter des Kindes oder eines anderen Kindes in diese Familie inkarniert hat. Oder er trägt seinerseits zur Verschärfung eines Konflikts bei. Dann gibt es vielleicht eine liebevolle Großmutter, die unter anderem für die Unterstützung des Kindes bereitgestellt wurde. Interessant wäre auch die Frage, ob sich Eltern und Kind aus einem früheren gemeinsamen Leben kennen oder ob sie jetzt zum ersten Mal zu dritt aufeinanderstoßen.

Bei der Durchsicht der Literatur fällt auf, dass, wenn es um karmische Belastungen geht, die beschriebenen Vorgeschichten oft sehr grausam sind. Man sollte aber nicht vergessen, dass die Fälle meistens aus Reinkarnationstherapien stammen, die man ja normalerweise nicht durchführt, wenn nicht irgendwelche schwerwiegenden Gründe vorliegen. Wenn sich dagegen im Leben eines Menschen die Dinge problemlos ineinanderfügen und man vielleicht sogar regelrecht "Glück" hat, dann nimmt man das, wenn es hochkommt, mit Dankbarkeit zur Kenntnis, aber - wie der Mensch so ist - Bücher werden nur selten darüber geschrieben. Offenbar werden die Berichte auch umso heftiger, je weiter man in der Geschichte zurückgeht. Hier wieder ein Beispiel von Whitton/Fischer:

Die Patientin Jenny erlebt in der Rückführung Folgendes: Sie wurde in einem früheren Leben als Angela des Mordes beschuldigt. (Man hatte ihr ihr uneheliches Kind wegnehmen wollen, das sie nicht hergeben wollte. Bei dem Gerangel hatte sich ein Schuss gelöst und dabei aus Versehen das Kind sowie einen der Männer getötet, die ihr das Kind wegnehmen wollten.) Der bei dieser Szene anwesende Pfarrer forderte daraufhin sechs betrunkene Cowboys, die gerade die Treppe heraufkamen, auf, "diese verkommene Hure der gerechten Strafe zuzuführen". Zitat: "Die Cowboys zerren Angela aus ihrem Zimmer und bringen sie in einen nahe gelegenen Schuppen, in dem gewöhnlich Rinder geschlachtet werden. Unter lautem Geschrei und höhnischem Lachen ziehen sie ihr das Nachthemd aus und vergewaltigen sie einer nach dem anderen. Dann knüpfen sie das Mädchen an einem dicken Deckenbalken auf und peitschen sie durch, bis ihr das Fleisch in Fetzen vom Leibe hängt. Angela ist schon dem Tode nah, als sie sie abschneiden und ihr mit Jagdmessern die Haut abziehen." Später wird der Leichnam auf einen Haufen verwesender Tierkadaver geworfen.

Während der Rückführung windet sich die Patientin in furchtbaren Qualen. Später erfährt sie, dass ihr jetziger Vater einer der sechs Peiniger gewesen ist. Ihre bis dahin unerklärliche Angst vor dem Vater wurde ihr verständlich und verschwand schließlich. Der Bericht fährt fort: "Heute fällt es Jenny immer noch schwer, ihren Vater zu lieben und ihm zu vertrauen. Aber es ist ihr wenigstens gelungen, intellektuell mit diesem Problem fertig zu werden. Nach der Rückführung in ihr Leben als Angela brachte sie es zum ersten Mal fertig, ihren Vater zu umarmen." *(Whitton/Fischer 1998, S. 206-208)*

Auch mehrere andere schwerwiegende Symptome, wegen derer die Patientin ja schließlich die Therapie begonnen hatte, verschwanden. Nicht immer sind, Gott sei Dank, die Vorgeschichten so entsetzlich und dramatisch, und es ist in diesem Fall auch kaum zu erwarten, dass ein einziges Leben ausreicht, um zu einer wirklichen Aussöhnung zu kommen.

Wenn man von solchen Fällen hört, drängt sich einem unweigerlich die Frage auf, ob es nicht doch besser wäre, wenn man vor der Geburt nicht "durch das Wasser des Vergessens" gegangen wäre, sondern etwas über die Vorgeschichte wüsste. Es könnte die Auseinandersetzung mit den anstehenden Problemen und die schließliche Aussöhnung so unendlich erleichtern! Auf diese Frage wird an späterer Stelle in dem Kapitel "Warum wissen wir nichts über unsere Vorgeschichte?" noch einmal ausführlich eingegangen.

Nicht immer geht es aber bei Eltern-Kind-Begegnungen um die Aufarbeitung alter Geschichten. Eltern können auch ausgewählt werden, weil sie als Helfer bei bestimmten Charakterproblemen am besten geeignet sind. Wenn jemand zum Beispiel daran arbeiten möchte, sein jähzorniges Temperament zu überwinden, könnte es helfen, eine Mutter zu bekommen, die sich durch besonders viel Gelassenheit, aber große

Konsequenz auszeichnet. Es könnte aber auch jemand ausgewählt werden, der genauso aufbrausend und jähzornig ist, so dass des Öfteren "die Fetzen fliegen". Beide Seiten könnten so die Chance erhalten zu lernen, anders miteinander umzugehen, wenn es nicht zu Mord und Totschlag kommen soll.

Wenn jemand ein Alkoholthema hat, könnte es sinnvoll sein, einen Vater auszusuchen, der selbst Alkoholiker ist. Das Thema würde damit auf besondere Weise virulent und könnte dem Kind helfen bei der Entscheidung, ob es wirklich selbst auch zum Alkoholiker werden will. Die übliche Erklärung in Fällen, bei denen sowohl der Vater als auch der Sohn Alkoholiker sind, lautet ja, dass das Problem als Anlage vererbt oder durch Modelllernen übernommen wurde (und das heißt in jedem Fall, dass der Vater "Schuld" hat). Eine solche Erklärung bedürfte dringend einer Ergänzung oder Korrektur.

Ein Beispiel für die Wahl von Eltern, die als Ausgleich für vorgegebene Charaktermängel dienen können, findet sich - in etwas altertümlicher und sehr behutsamer Ausdrucksweise - in den Cayce-Botschaften für einen damals fünfjährigen Jungen:

> "Dieser Knabe war von eigennützigem Charakter, nicht willig zur Einsicht seiner Irrtümer und gleichgültig gegen seine Umgebung. Seine Wesensart entsprach, um einen Vergleich heranzuziehen, in seiner Unpersönlichkeit und seinem Interesse für rein intellektuelle nüchterne Werte der eines späteren kalten Wissenschaftlers. In der Vorinkarnation hatte er sich ganz in den Dienst technischer Gewalt gestellt. (...) Dabei war sein Sinn für die eigentlichen Daseinswerte der

Liebe, Schönheit und Vereinigung verkümmert, und seine Haltung anderen gegenüber war abweisend und von kalter Gleichgültigkeit geworden.

Man wäre zu erwarten geneigt gewesen, daß er, da gleiches gleiches anzieht, in eine der Wissenschaft zugeneigte Umgebung hineingeboren worden sein müßte - daß sein Vater also beispielsweise ein Ingenieur und seine Mutter eine Mathematiklehrerin hätte sein können. Stattdessen wurde er aber in eine Familie unpraktischer Idealisten geboren. Der Vater war ein ausgesprochen sozialer oder religiöser Typ; die Mutter wurde, obwohl introvertiert, in die Sozialarbeit ihres religiös eifrigen Mannes hineingezogen. Der ältere Bruder des damaligen Jungen war auch ein Idealist, dessen Hauptanliegen im Leben es war, anderen Menschen zu helfen.

Die ungesunde Einseitigkeit und Überbetonung der technisch-wissenschaftlichen Seite im Wesen des Jungen sollen ausgeglichen werden. Es scheint hier beinahe das Wissen der Wesenheit um ihre Beschränkungen vorgelegen zu haben, aus dem heraus sie eine Umgebung zur Reinkarnation wählte, die mehr Gelegenheit zur Entwicklung humanistischer Werte bot."

(Cayce-Botschaften in: Cerminara o. J., S. 182/183)

In diesem Fall ging es also nicht um die Aufarbeitung alter Konflikte, sondern die Eltern wurden ausgesucht, weil sie schlicht besonders geeignet waren für die Fortentwicklung dieses Jungen.

Auch behinderte Eltern können einen weiterbringen

In diesem Kapitel soll es nicht um geistig, sondern um körperlich oder seelisch behinderte Eltern gehen. Ich denke also an Blinde, Taube, schwer Körperbehinderte oder Ähnliches. Ich kann als Beispiel den Sohn einer Kollegin anführen, der körperlich schwerbehindert und auch sonst verlangsamt war. Er hatte trotzdem geheiratet, und zwar eine Frau, die ebenfalls Rollstuhlfahrerin war. Die Kollegin rief mich eines Tages an, obwohl wir sonst keinen Kontakt miteinander hatten. Sie war vollkommen geschockt, nachdem sie erfahren hatte, dass die beiden ein Kind erwarteten. Sie fand das unmöglich und wollte meine Meinung dazu hören. Ich hatte mich damals noch nicht mit spirituellen Dingen befasst, fand das Ganze aber trotzdem in Ordnung. Es gibt so viele Möglichkeiten - auch für nicht behinderte Eltern -, sein Kind zu schädigen, dass eine körperliche Behinderung der Eltern wahrhaftig nicht das Schlimmste war, was ich mir für ein Kind vorstellen konnte, zumal es sich in diesem Fall um eine insgesamt intellektuelle und kultivierte Familie handelte, die schon dafür sorgen würde, dass das Kind die nötigen Förderungsangebote auch unabhängig von den Eltern erhalten würde, was sich seitdem auch bestätigt hat.

Inzwischen gehe ich ganz selbstverständlich von der Annahme aus, dass die hier vorliegende Konstellation nicht nur kein Versehen, sondern von beiden Seiten vor der Geburt geplant und verabredet war. Auf der Seite des Kindes könnte es sich um eine Gegenleistung für eine früher empfangene Fürsorge handeln, aber auch um eine Wiedergutmachung für eigene Herzlosigkeit. Unabhängig von früheren persönlichen Begegnungen könnte es sich aber auch um eine Gelegenheit handeln, selbstlose Hilfsbereitschaft und das Zurücknehmen eigener Bedürfnisse zu lernen.

Dabei ist mir durchaus bewusst, dass es nicht wenig ist, was dabei von dem Kind erwartet wird. Es würde nie, wie viele andere Kinder bei uns, im Urlaub unbeschwert mit den Eltern im Meer planschen oder Bergwanderungen machen können und lernen müssen, die Möglichkeiten und Bedürfnisse der Eltern stets im Hinterkopf zu haben.

Die Eltern hätten dagegen die Chance, trotz ihrer Behinderung das Glück eigener Elternschaft zu erleben, aber es gäbe auch für sie viel zu lernen, vor allem Selbstdisziplin, die zum Beispiel darin bestehen könnte, das Kind nicht ständig mit vielen kleinen Handreichungen zu belasten, die sie notfalls auch selbst bewerkstelligen könnten. Noch schwieriger erscheint mir die Aufgabe, sich in seinem eigenen Leid so weit zurückzunehmen, dass es nicht wie eine schwere Wolke über dem Kind lastet, sondern ihm Fröhlichkeit und Unbeschwertheit zu ermöglichen und vor allem auch zu gönnen. Wenn den Eltern tatsächlich so etwas gelingen sollte, würde ich davor mit der allergrößten Hochachtung stehen.

Aus meiner Praxis kann ich einen Fall beisteuern, wie er sich aus der Sicht des Kindes darstellt. Der Patient, damals 34 Jahre alt, war von außergewöhnlicher Begabung und von hoher Sensibilität. Seine Mutter war, schon als der Patient noch ein Kind war, schwer zwangskrank, so dass ihr eine normale Lebensführung nicht möglich war. Sie war nicht in der Lage, Haus und Kinder auch nur einigermaßen zu versorgen. Es gab kein geregeltes Essen, der Patient streunte im Ort herum und schnorrte sich sein Essen zusammen. Oder er saß in der Küche und wartete oft lange und vergeblich darauf, dass die Mutter eine Mahlzeit zustande brachte. Wegen ihres krankhaft hohen Reinlichkeitsanspruchs war sie schließlich auch unfähig, überhaupt noch Aufräum- und Reinigungsarbeiten in Angriff zu nehmen. Das Haus war zu großen Teilen eine Art Rumpelkammer, in der nur noch wenige Plätze zu benutzen waren. Der Patient erinnert sich an die Mutter vor allem, wie sie frierend und untätig am Herd stand. Es war sozusagen alles Leben aus ihr entwichen, und sie war diejenige, die versorgt werden musste.

Es war klar, dass er als Kind nicht das Maß an Fürsorge und Unterstützung erhalten hatte, das für eine Entwicklung notwendig gewesen wäre. Während seiner Analyse ging es aber weniger um die Auseinandersetzung mit seinen Eltern als um die Schwierigkeiten in seinem gegenwärtigen Leben. Er war in einem anspruchsvollen künstlerischen Beruf tätig und geriet in eine Situation, in der ihm die finanziellen Mittel versagt blieben, die er zur Verwirklichung seiner Pläne unbedingt gebraucht hätte. Nach monatelangem vergeblichem Warten und stets neuen, aber erfolglosen Bemühungen war er so verzweifelt, dass er nur noch wild um sich schlagen konnte und einen maßlosen Hass gegenüber der ganzen Welt einschließlich der Eltern empfand.

Für mich war schnell deutlich, dass für ihn die Situation wohl vor allem deswegen so unerträglich war, weil sie eine Wiederholung von etwas als Kind Erlebtem darstellte: Er erhält nicht das, was er zum Leben dringend braucht. Da er für spirituelle Dinge aufgeschlossen war, konnte ich ihn damit konfrontieren, dass es vielleicht um genau dieses Thema gehe, das in immer neuen Variationen für ihn bereitgestellt würde. Es bestehe die Möglichkeit, dass er in einem früheren Leben anderen die notwendige Lebensgrundlage vorenthalten habe, so dass es jetzt für ihn darum gehe, die Erfahrung zu machen, wie es sich anfühlt, wenn man das zum Leben Notwendige nicht erhält.

Der Patient konnte erstaunlich gut damit umgehen, und es gelang ihm eine grundsätzliche Umorientierung. Er hörte auf mit seinem Wüten und wurde fähig, die Dinge auch von einer anderen Warte aus zu sehen. Er konnte sich zum Beispiel die Frage stellen, ob für die Realisierung seiner Pläne vielleicht noch nicht der richtige Zeitpunkt gekommen war oder ob die Pläne selbst nicht ganz in Ordnung waren und einer Revision bedurften.

Wenn denn meine Interpretation der Dinge stimmt, dann handelte es sich für ihn bei der Wahl dieser Mutter also weniger um die Aufarbeitung eines alten karmischen Problems als um die Chance zur Bearbeitung eines ganz bestimmten Grundkonflikts. Ich denke, dass sich in einer solchen Konstellation eine Aussöhnung mit den Eltern vielleicht leichter bewerkstelligen lässt.

Versöhnung mit den Eltern leichtgemacht?

In diesem Kapitel wurde versucht zu zeigen, wie die oft so notwendige Versöhnung zwischen erwachsenen Kindern und ihren Eltern erleichtert werden könnte, wenn man davon ausgeht, dass beide Seiten diese Begegnung vorher in der geistigen Welt vereinbart hatten. Ich weiß aber aus eigener Erfahrung, dass es trotzdem sehr lange, unter Umständen sogar ein ganzes Leben lang dauern kann, bis ein solcher Schritt möglich ist.

Man tut damit aber auch sich selbst den größten Gefallen. Der, der verzeiht, hat die Chance, aus dem Teufelskreis von Schuld, Vergeltung und neuer Schuld auszusteigen. Die Schuld jedoch ist damit nicht aus der Welt. Derjenige, der die Schuld auf sich geladen hat, muss sehen, wie er im zukünftigen Leben damit klarkommt, aber zumindest das "Opfer" hat damit in Zukunft nichts mehr zu tun. Außerdem sollte man sich darüber im Klaren sein, dass Probleme mit den Eltern, die man in diesem Leben nicht aufgearbeitet hat, einem in einem späteren Leben aufs Neue vorgelegt werden. Man tut also gut daran, noch in diesem Leben wenigstens damit anzufangen, sie aufzulösen. Es ist eine Frage der Ökonomie und der Zweckmäßigkeit. Das habe ich auch des Öfteren zu Patienten gesagt, falls diese der Reinkarnationslehre gegenüber aufgeschlossen gegenüberstanden. Sigdell drückt die Sachlage sehr deutlich aus: "Demjenigen, den du liebst, darfst du wiederbegegnen. Demjenigen, den du hasst, *musst* du wiederbegegnen". (Sigdell 2008, S. 94)

Manche Dinge lassen sich notfalls auch noch klären, wenn die Eltern bereits verstorben sind. Vor allen Dingen kann man ihnen auch dann noch verzeihen, falls das notwendig ist. Ein solches Verzeihen ist manchmal offenbar notwendig, damit der Verstorbene in seiner Entwicklung in der geistigen Welt vorankommen kann. Er muss freigesprochen werden, damit er sich selbst in Ruhe mit dem auseinandersetzen kann, was er einmal getan hat und was ihm jetzt vielleicht leidtut.

Es mag jedoch auch Fälle geben, in denen Eltern, die wirklich Schuld auf sich geladen haben, noch gar nicht so richtig in der geistigen Welt angekommen sind und als sogenannte "arme Seelen" herumgeistern. In besonderen Fällen, wenn es viele ungelöste Familienkonflikte gibt, kann es auch vorkommen, dass Eltern - manchmal auch Großeltern - sich an die noch lebenden Kinder hängen, ihnen Energie abziehen und sie nicht in Ruhe lassen. Das kann die Form einer regelrechten Besetzung annehmen. Man muss nicht katholisch sein, um das für möglich zu halten. Natürlich ist es in solchen Fällen besonders erforderlich, den Verstorbenen zu vergeben. Unter Umständen brauchen sie aber darüber hinaus noch zusätzliche Hilfe, durch

Gebete oder die Einschaltung von Personen, die für die notwendige Erlösungsarbeit qualifiziert sind.

In diesem Kapitel, in dem es um das Thema "Versöhnung mit den Eltern" ging, war zwangsläufig vor allem von schwierigen Beziehungen zwischen Kindern und Eltern die Rede. Um keinen falschen Eindruck zu erwecken, soll aber an dieser Stelle noch einmal ausdrücklich betont sein, dass solche Fälle erfreulicherweise nicht die Regel sind. Im Gegenteil: Sehr viel häufiger empfangen Kinder von ihren Eltern so viel Liebe und Fürsorge, wie sie es sich nur wünschen können. Das war nur nicht das Thema.

Es kommt auch vor, dass Eltern sogar über den Tod hinaus für ihre Kinder sorgen, indem sie Hilfsfunktionen übernehmen, sie beschützen und trösten und ihnen Kraft und gute Eingebungen zuteilwerden lassen. Gelegentlich nutzen Verstorbene auch die Gelegenheit, über ihre noch lebenden Angehörigen Botschaften zu senden, die von allgemeinem Interesse sind und auch in Buchform vorliegen. Bei Engel (1981), Stead (o. J.) oder Taschner (o. J.) waren es Väter, die sich ihren Kindern mitteilten, bei Ward (2009) war es der verstorbene Sohn, der mit seiner Mutter Kontakt aufnahm. Eine solche konstruktive Zusammenarbeit setzt ja wohl voraus, dass die Beziehungen positiv und völlig entspannt sind und vielleicht immer waren.

Manchmal ist es nötig, dem Verstorbenen nicht nur zu verzeihen, sondern ihn nachträglich um Verzeihung zu bitten für das, was man ihm angetan hat. Ich hatte in letzter Zeit des Öfteren Gelegenheit, an Beerdigungen in der evangelischen Kirche teilzunehmen. Die Pfarrerin forderte dabei in ihren

Abschiedsworten für den Toten stets dazu auf, ihm zu danken für seine Liebe, ihn um Verzeihung zu bitten, wenn man ihm etwas schuldig geblieben ist, und ihm zu verzeihen, wenn er einem wehgetan haben sollte. Diese Abschiedsworte sind in ähnlicher Form auch im Evangelischen Gesangbuch für Bayern und Thüringen enthalten. Ich finde sie sehr anrührend. Noch besser wäre es gewesen, wenn man das alles getan hätte, solange derjenige noch lebte, aber besser spät als überhaupt nicht.

4. Kapitel

Eltern und ihre Kinder

Eltern haben es (oft) nicht leicht mit ihren Kindern

In diesem Teil sollen nun auch die Eltern zu ihrem Recht kommen; sie können ihren Platz auf der Anklagebank verlassen. Kinder zu bekommen und großzuziehen, gehört zwar zu den beglückendsten, aber auch zu den schwierigsten Aufgaben im Leben eines Menschen, und sie werden nicht leichter, wenn es sich um Kinder handelt, die irgendwie aus dem Rahmen fallen, zum Beispiel besonders begabte oder behinderte.

Auch erwachsene Kinder stellen unter Umständen ein großes Problem dar. Oft sind sie nicht so, wie die Eltern es sich wünschen. Sie werden als anspruchsvoll oder undankbar erlebt und kümmern sich nicht genügend um die Eltern, wenn diese alt und hilfsbedürftig sind. Oder sie verhaken sich in den Problemen ihres eigenen Lebens, mit dem sie nicht fertig werden, im schlimmsten Fall "wird nichts aus ihnen", sie geraten auf

Abwege, werden drogensüchtig oder nur ganz allgemein "lebensuntüchtig", und Eltern, besonders Mütter, machen sich oft die bittersten Vorwürfe, wenn es nicht so läuft, wie sie es sich wünschen. Dann kann man immer wieder die verzweifelte Frage hören: "Was habe ich nur falsch gemacht?"

Dabei sind die Eltern ja auch - wenigstens zum Teil - das Produkt ihrer eigenen Erziehung. Es ist oft sehr erschütternd für sie, wenn sie sich dabei ertappen, dass sie bei ihren Kindern die gleichen Sätze sagen, die sie bei ihren eigenen Eltern so sehr abgelehnt haben.

Es handelt sich aufseiten der Eltern um viele verschiedene Probleme, die nicht so leicht auf einen gemeinsamen Nenner zu bringen sind. In den seltensten Fällen wird es wohl darum gehen, sich mit den Kindern auszusöhnen. Oft scheint es dagegen so, dass es den Eltern nicht gelingt, die Kinder loszulassen. Besonders Mütter, deren Hauptlebensaufgabe ja oft das Großziehen der Kinder war und ist, definieren sich häufig über sie. Es fällt ihnen schwer zu akzeptieren, dass die Kinder nur vorübergehende Gäste in ihrem Hause waren, die sie mit Liebe betreut haben, dann aber weiterziehen lassen müssen.

Inwieweit können nun die in diesem Buch vorgelegten Grundannahmen dazu beitragen, diesen Ablösungsprozess und überhaupt Probleme, die Eltern im Zusammenhang mit ihren Kindern haben, zu erleichtern?

Kinder sind nicht das Eigentum der Eltern

Dass Kinder den Eltern nicht gehören, wird heute wohl von allen Menschen so gesehen. Das war nicht immer so. Die Zeiten, in denen der Vater über Frau und Kinder zu bestimmen hatte und ihr Schicksal nach seinem Gutdünken gestalten konnte, sind noch gar nicht so lange her. Umso schlimmer finde ich es, wenn man bei uns immer noch den Satz hören kann: "Sie hat ihm drei Kinder geschenkt." Was soll denn das heißen? Kinder kann man nicht verschenken! Und man kann einem anderen erst recht nichts schenken, das einem selbst nicht gehört. Denn auch der Mutter gehören die Kinder nicht. Selbst der Satz "Sie hat den Kindern das Leben geschenkt" erscheint mir ziemlich bedenklich. Kann sie wirklich Leben schenken, oder hat sie sich zur Verfügung gestellt, um ein Leben auf dieser Erde zu ermöglichen? Ich dachte immer, Gott schenkt das Leben, und die Eltern nehmen das Kind als Geschenk dankend entgegen. Danken können der Vater und gegebenenfalls auch die Kinder der Mutter dafür, dass sie die Mühe auf sich genommen hat!

Diesen Gedanken können wohl die meisten Menschen so zustimmen. Was bringt es darüber hinaus Neues, wenn ich davon ausgehe, dass die Wesen, die jetzt meine Kinder sind, es vor allem deshalb sind, weil beide Seiten es so wollten, und dass ich sie wahrscheinlich von früher kenne und ihnen mit Sicherheit auch später von neuem begegnen werde, und zwar in allen möglichen Konstellationen? Das heißt doch wohl, dass die Abhängigkeit von mir und mein großer Einfluss auf ihr Leben eine Besonderheit unseres jetzigen Lebens sind und keineswegs für immer gelten.

Und das wird noch deutlicher, wenn ich mir vorstelle, dass wir uns auch in der geistigen Welt begegnen werden. Bin ich dann noch ihre Mutter, und sind sie noch meine Kinder? Wie redet man sich dort an? Und da ich nicht nur einmal inkarniert war, sind da ja auch noch meine ehemaligen Kinder aus früheren Leben, mit denen ich vielleicht obendrein in der Zwischenzeit in ganz anderen Beziehungen zusammen war. Welch ein Familientreffen! Wahrscheinlich gehören wir aber wirklich alle zu der gleichen großen Seelenfamilie, deren Mitglieder sich immer wieder aufs Neue für verschiedene Begegnungen verabreden.

Ich denke, das alles kann mir helfen, in meinen Kindern vor allem Menschen zu sehen, die sich wie ich auf dem langen und harten Weg der seelischen Reifung und Entwicklung befinden, auf dem wir uns gegenseitig unterstützen, aber auch herausfordern können – und auf dem niemand ein Recht auf den anderen geltend machen kann.

Ich weiß nicht, inwieweit solche Vorstellungen im Einzelfall wirklich dazu beitragen können, die gegenwärtige Beziehung zu den eigenen Kindern in einem neuen Licht zu sehen. Sie könnten aber vielleicht helfen, mit mehr Gelassenheit und Demut an die schwierige Aufgabe heranzugehen. Freude an den Kindern zu haben, ist übrigens nach wie vor erlaubt.

Die Entscheidung für bestimmte Kinder

Für die Entscheidung, es gerade mit diesem bestimmten Kind zu versuchen, kann es sehr verschiedene Gründe geben. Wenn es stimmt, dass mindestens einer der beiden Elternteile das Kind aus einem früheren Leben kennt, dann darf man wohl davon ausgehen, dass noch Rechnungen offen sind. Dieser Elternteil erhält jetzt die Gelegenheit, die angefangene Geschichte fortzusetzen. Dabei könnte es um die weitere Bearbeitung früher aufgetretener Konflikte gehen - oder aber einfach nur darum, bei dem anderen etwas gutzumachen oder dessen Wiedergutmachungsbemühungen entgegenzunehmen.

Beide Eltern haben aber auch eine Vorgeschichte hinter sich, bei der die jetzt geplanten Kinder nicht unbedingt eine wichtige Rolle gespielt haben müssen. Dass die Wahl gerade auf diese Kinder fällt, könnte dann daran liegen, dass sie besonders geeignet sind, bei den Eltern bestimmte Charaktereigenschaften zu fördern wie Geduld, Verzichtbereitschaft, Einfühlungsvermögen, die Fähigkeit zu uneigennütziger Liebe, aber auch so etwas wie Durchsetzungsvermögen, Konsequenz, der Umgang mit Kränkungen, Konflikten etc. Wer hier was von wem zu lernen hat und in der Folge tatsächlich lernt, ist völlig offen.

Nun spielen ja, wenn es um die Entscheidung für eine bestimmte Familienkonstellation geht, nicht nur die zukünftigen Kinder eine Rolle. Zunächst geht es schließlich erst einmal um die Frage, ob überhaupt und unter welchen Bedingungen man eine gemeinsame Partnerschaft versuchen will. Auch die eventuellen Geschwister des Kindes müssen irgendwie ins Geschehen passen. Unter Umständen kann allein schon die Reihenfolge der Geburten, die die Position eines Kindes in der Geschwisterreihe festlegt, viel dazu beitragen, Auseinandersetzungen zu fördern oder zu behindern. Das Ganze ist wirklich sehr kompliziert, und man darf sich wundern, dass es überhaupt zu einer Lösung kommt, der alle Beteiligten zustimmen können.

Eine nette Situation wird bei Weiss berichtet: Eine Mutter und eine Tochter, die sich an sich gut verstanden, nahmen gemeinsam an einem Seminar teil. Als sie hörten, dass man vor der Geburt Familiensituationen auswählt, die die größten Wachstumsmöglichkeiten bieten, sagte die Mutter zu ihrer Tochter, mit der sie gerade eine kleinere Auseinandersetzung hatte: "Siehst du? *Du* bist diejenige, die *mich* ausgesucht hat", worauf die Tochter prompt erwiderte: "Wenn das so ist, dann hatte ich eben nicht genug Zeit zum Überlegen!" (Weiss 2007, S. 122)

So locker kann man nicht immer damit umgehen, aber sicher ist wohl, dass man gut daran tut, die Erstellung eines gemeinsamen, für alle Beteiligten sinnvollen Lebensplans Weiseren zu überlassen und zum Schluss nur noch mit dem Kopf zu nicken. Und noch besser ist es, wenn man sich später, in schwierigen Situationen, immer wieder daran erinnert, dass es diesen Plan gegeben hat und man ihm zugestimmt hat.

Im Folgenden soll an einigen Beispielen gezeigt werden, welche Gründe es im Einzelnen sein können, die für ein bestimmtes Kind sprechen. Unter Umständen kann es ja einfach der Wunsch sein, sich um dieses Kind, das man von früher kennt und liebt, aufs Neue zu kümmern, für das Kind zu sorgen und gemeinsam neue Erfahrungen zu machen. Das kann auch beinhalten, dass man ihm bei der Bewältigung besonders schwieriger Lernaufgaben behilflich sein möchte. Oder die Eltern sind bereit dazu, weil es der Wunsch des Kindes ist. Hier ein Beispiel von Wambach:

> "Ehe ich geboren wurde, sagten mir meine Kinder, dass sie meine Kinder werden wollten. Ich kannte sie nicht nur aus früheren Leben, sondern auch aus der Zeit zwischen den Leben. (Fall A - 381)"
>
> *(Wambach 1984, S. 95)*

Bei Weiss (2007) findet sich ein Fall, in dem es wohl vor allem die Mutter war, für die die gemeinsame Inkarnation wichtig war. Sie hatte große Probleme mit ihrem halbwüchsigen Sohn, "der sie um ihr Leben betrog". Es stellte sich heraus, dass er in einem früheren Leben ihr Arbeitgeber gewesen war, der sie sehr ausgenutzt hatte, und dass sie die Probleme von damals auf ihren jetzigen Sohn übertrug, der eigentlich gar nicht so schlimm war. Nachdem sie das erkannt hatte, fiel es ihr deutlich leichter, mit dem Sohn umzugehen. Offenbar hatte sie ihre Lektion jetzt gelernt.

Bei Whitton/Fischer wird ein Fall beschrieben, in dem der Sohn für die Mutter offenbar die Chance darstellte, sich immer wieder aufs Neue mit einem ihrer Grundprobleme auseinanderzusetzen. Sie "erfuhr im Verlauf der Rückführungen in vergangene Leben, daß sie in zweitausend Jahren nicht fähig gewesen war, sich damit abzufinden, daß sie von anderen Menschen im Stich gelassen wurde. In diesem Leben geriet sie in eine sehr starke Abhängigkeit von ihrem Sohn und erlitt fast einen Nervenzusammenbruch, als dieser das Elternhaus verließ, um seine Studien an einer Universität zu beginnen. Im Überbewußtsein zeigte sich, daß sie wieder die Prüfung nicht bestanden hatte, die ihr verordnet worden war, und sich immer wieder in die gleiche Situation begeben mußte, bis sie gelernt hatte, mit dieser besonderen Schwäche fertig zu werden."

(Whitton/Fischer 1989, S. 67/68)

Bei der Durchsicht der Literatur fällt auf, dass die wirklich dramatischen Fälle solche sind, in denen beide, Eltern wie Kinder, den dringenden Wunsch hatten, ein altes Problem zu bereinigen. Weiss berichtet von seiner Patientin Linda, die in einem früheren Leben guillotiniert worden war. Ihr jetziger Vater war damals ihr Mann gewesen. Er hatte für diese Exekution gesorgt, weil er mit einer anderen Frau zusammenleben wollte.

> "Jetzt verstand Linda auch, warum ihre Mutter ihr immer gesagt hatte, daß sie allem Anschein nach ihren Vater von Anbeginn an gehasst habe. Sie habe immer geschrien und laut gebrüllt, wenn er sie auf

> den Arm nehmen wollte, und sie habe sich erst wieder beruhigt, wenn er sie wieder niedergelegt hatte."
>
> "Linda konnte nachvollziehen, warum sie ihren Vater instinktiv zurückgestoßen hatte; sie verstand, weshalb ihr Vater sie angesichts der in ihm aufgestauten Schuld, Scham und Aggression immer wieder auf brutale Weise misshandelt hatte. Nun konnte sie ihm vergeben."
>
> "Die Energie ihres Hasses und der heftige Zorn ihres Vaters waren es, die sie in diesem Leben wieder zusammengeführt hatten." *(Weiss 2007, S. 138/139 ff.)*

Letzteres ist die Interpretation von Weiss, aber sie klingt durchaus plausibel: Auch der Vater hatte wahrscheinlich den Wunsch, in dieser furchtbaren alten Geschichte ein Stück weiterzukommen.

Es gibt außerdem einen eindrucksvollen und sehr ausführlich beschriebenen Fall bei Newton. Der Klient, Steve mit Namen, war als Baby von seiner Mutter ausgesetzt worden und von sehr strengen Adoptiveltern aufgezogen worden, woraufhin er einen sehr schwierigen Charakter entwickelt hatte. Bereits die Rückführung in die Szene, in der er ausgesetzt wurde, hat sehr dazu beigetragen, ihm die Aussöhnung mit seiner Mutter zu erleichtern.

"Dr. N.: Sie sind nun ein Baby in seiner ersten Lebenswoche, und Ihre Mutter sieht Sie zum letzten Mal. Es macht nichts aus, dass Sie ein Baby sind, weil Ihr inneres erwachsenes Bewusstsein alles weiß, was vor sich geht. Beschreiben Sie mir genau, was geschieht.

K.: [*Er beginnt zu zittern*] Ich ... bin in einem Korb ... da ist ein verwaschenes blaues Tuch um mich ... ich werde auf Treppenstufen gestellt ... es ist kalt ...

Dr. N.: Wo sind diese Stufen?

K.: ... Vor einer Kirche ... in Texas.

Dr. N.: Wer stellt Sie auf diese Kirchentreppe?

K.: [*zittert stärker*] Meine Mutter ... beugt sich über mich ... sagt auf Wiedersehen ... [*beginnt zu weinen*].

Dr. N.: Was können Sie mir über die Gründe sagen, warum Ihre Mutter Sie verlässt?

K.: Sie ... ist jung ... nicht mit meinem Vater verheiratet ... er ist schon verheiratet. Sie weint ... ich kann fühlen, wie ihre Tränen auf mein Gesicht fallen.

Dr. N.: Schauen Sie zu ihr auf. Was sehen Sie noch?

K.: [*mit erstickter Stimme*] Fließendes schwarzes Haar ... schön ... ich greife nach ihr und berühre ihren Mund ... sie küsst mich ... weich, sanft ... es ist schrecklich hart für sie, mich hierzulassen.

Dr. N.: Sagt sie etwas, bevor sie geht?

K.: [*Er kann kaum noch sprechen*] 'Ich muss dich zu deinem eigenen Besten verlassen. Ich habe kein Geld, um für dich zu sorgen. Meine Eltern werden uns nicht helfen. Ich liebe dich. Ich werde dich immer lieben und dich immer in meinem Herzen tragen.'

Dr. N.: Was geschieht dann?

K.: Sie ... ergreift einen schweren Türklopfer ... es ist ein Tier darauf ... und schlägt ihn gegen die Türe ... wir hören Schritte, die sich nähern ... nun ist sie weg.

Dr. N.: Was sagen Ihnen Ihre inneren Gedanken über all das, was Sie gesehen haben?

K.: [*von seinen Gefühlen beinahe überwältigt*] Oh ... sie wollte mich doch ... wollte mich nicht verlassen ... sie liebte mich!" *(Newton, 2008, S. 198/199)*

Bei einer späteren Rückführungssitzung, die in die Zeit vor 4000 Jahren führte, stellte es sich heraus, dass er damals ein Hohepriester gewesen war, der in dieser Funktion seine damalige Mutter zum Tode verurteilt hatte, da sie seine Autorität untergraben hatte, indem sie zu Zeiten der Nahrungsmittelrationalisierung Nahrungsmittel aus dem Vorratshaus gestohlen und an das Volk verteilt hatte.

Während einer weiteren Rückführungssitzung, die in die Zeit der Vorbereitung für die jetzige Inkarnation führte, begegnete Steve einer Frau mit Namen Eone, die damals die Mutter gewesen war, welche er zum Tode verurteilt hatte. Sie teilte ihm mit, dass sie in dem kommenden Leben wieder seine Mutter sein wollte, was ihm gar nicht gefiel. Aber sie überzeugte ihn, dass es Zeit war, "die Dinge in Ordnung zu bringen ... wieder in einem ungeordneten Leben als Mutter und Sohn". Sie wurde also in seinem jetzigen Leben die Mutter, die ihn als Baby ausgesetzt hatte. Dr. Newton versuchte, Näheres über diese Entscheidung herauszufinden:

"Dr. N.: Warum warteten Sie und Eone 4000 Erdenjahre, bevor Sie darüber sprachen, Ihre Behandlung Ihrer Mutter in Arabien auszugleichen?

K.: Erdenjahre haben keine Bedeutung; es hätte gestern sein können. Ich war einfach nicht bereit, das, was ich ihr als Haroum angetan habe, wiedergutzumachen. Sie sagt, die Umstände seien für diese Übung jetzt richtig.

Dr. N.: ... Wird Eone das dann als karmische Begleichung Ihrer Schuld betrachten?

K.: *[Pause]* Mein Leben als Steve ist nicht als Strafe vorgesehen.

Dr. N.: Ich bin froh, dass Sie das sehen. Worin besteht dann die Lektion?

K.: Zu ... fühlen, was Verlassenwerden in einer Familienbeziehung bedeutet ... absichtliche Trennung ...

Dr. N.: Die Trennung der Mutter-Sohn-Bindung durch absichtliche Handlung?

K.: Ja ... zu erkennen, wie es ist, weggegeben zu werden."

(Newton 2008, S. 203)

In diesem Fall war es also in erster Linie die Mutter gewesen, die auf eine erneute gemeinsame Inkarnation gedrängt hatte. Aber letzten Endes ist diese Frage vielleicht gar nicht so entscheidend, die Hauptsache ist, dass man überhaupt zu einer gemeinsamen Entscheidung kommt.

Der Ödipus-Komplex

Der Begriff Ödipus-Komplex stammt von Freud, der darunter die unbewältigte libidinöse Bindung des Sohnes an die Mutter verstand, zu der auch die Rivalität gegenüber dem Vater gehört. Er bezieht sich auf den griechischen König Ödipus, der, ohne zu wissen, dass es sich um seine Eltern handelte, seinen Vater bei einem Streit auf der Straße erschlug und später seine Mutter heiratete.

Dass es so etwas wie eine gegengeschlechtliche Anziehung zwischen Mutter und Sohn sowie zwischen Vater und Tochter gibt, kann sicher nicht bestritten werden. Schon mit dem bloßen Auge kann man sehen, dass Mütter häufig eine besonders enge Beziehung zu einem ihrer Söhne haben - oft dem jüngsten -, und dass Väter regelrecht vernarrt in ihre Töchter sind.

Nun setzt der klassische Ödipuskomplex im Grunde eine geordnete Dreier-Beziehung voraus. Im Zeitalter von getrennten

Ehen, Patchwork-Familien, alleinerziehenden Eltern und "Homo-Ehen" wird das Ganze jedoch ziemlich kompliziert. Je mehr Bezugspersonen es gibt, desto mehr entfällt die Fixierung auf eine bestimmte Person. Es gibt so viele Ursachen für gegenseitige Zuneigung und Ablehnung, die unter anderem in der spezifischen Situation einer Familie begründet sind, dass sich die Bedeutung des Ödipus-Komplexes zwangsläufig reduziert.

Was lässt sich nun aus der Sicht der Reinkarnationslehre dazu sagen? Wenn wir davon ausgehen, dass man sich im Laufe der Reinkarnationen in immer wieder neuen, auch familiären Beziehungen zusammenfindet, dann wäre es verwunderlich, wenn darunter nicht auch Liebesbeziehungen wären. Das war es auch, was zum Beispiel Dethlefson (1984), Cerminara (o. J.) und Wambach (1984) bestätigen konnten. Aber das heißt im Grunde genommen nicht viel. Interessanter wäre es, wenn man nur Fälle heraussucht, in denen der Ödipuskomplex besonders stark ausgeprägt ist, und dann versucht festzustellen, ob es frühere Liebesbeziehungen gegeben hat und wie sie verlaufen sind.

Wenn Mutter und Sohn ein Liebespaar waren, vielleicht gar noch eins, das aus irgendwelchen tragischen Gründen nicht zusammenkommen konnte, dann kann man sich natürlich gut vorstellen, dass so etwas die gegenwärtige Situation verschärft. Ob das Wissen darüber dazu beitragen würde, den aktuellen Konflikt zu entschärfen, ist die Frage. Mir ist in der entsprechenden spirituellen Literatur bisher kein Fall begegnet, in dem der Ödipus-Komplex eine besondere Rolle gespielt hätte.

Kinder sind kein unbeschriebenes Blatt, wenn sie auf die Welt kommen

Diese Aussage ist, so glaube ich, wie kaum eine andere geeignet, unser gesamtes Eltern-Kind-Weltbild ins Wanken zu bringen. Wir waren es bisher gewöhnt zu glauben, dass das Wesen eines Menschen von zwei Faktoren geprägt wird: den Erbanlagen und den frühen Umwelt- und Erziehungseinflüssen. Wenn ein Baby auf die Welt kam, galt es als ein völlig neues, unbelastetes Wesen, das frühestens bei der Zeugung entstanden ist.

Jetzt heißt es auf einmal: Das stimmt so nicht. Es kommt ein dritter Faktor ins Spiel. Das Kind hat, wenn es auf die Welt kommt, wahrscheinlich eine lange Vorgeschichte aus früheren Leben hinter sich und bringt die dort erworbenen Charaktereigenschaften, Begabungen, Fähigkeiten und Schwächen mit. Dazu kommt dann noch der Lebensplan, in dem festgelegt ist, welche Ziele das Kind für dieses Leben hat, und der es dazu bringt, bei bestimmten Themen besonders sensibel zu reagieren, sich dafür zu interessieren oder nicht. Die Eltern tragen zwar durch ihren erzieherischen Einfluss dazu bei, bestimmte Entwicklungen zu fördern oder zu blockieren, und auch das sogenannte Modelllernen spielt während der Kindheit eine große Rolle, aber das Wesen eines Kindes wird darüber hinaus ganz wesentlich bestimmt durch das, was es mitbringt. Bestehende Charakterähnlichkeiten können statt durch Vererbung dadurch erklärt werden, dass sie bereits vor der Geburt bestanden und bei der Erstellung des Lebensplans zu der Entscheidung für diese Eltern beigetragen haben.

Das alles zu akzeptieren, ist für viele sicher nicht leicht, sind wir doch seit Jahrhunderten mit der Vorstellung aufgewachsen, dass die Charakterentwicklung eines Kindes nur von den Eltern abhängt. Aus meiner Sicht wäre für die gesamte Eltern-Kind-Thematik ein völlig neuer Forschungsansatz nötig, bei dem dieser dritte Faktor berücksichtigt wird. Aber mir ist klar, dass es bis dahin noch ein weiter Weg ist.

Gibt es für die hier vorgelegten Behauptungen irgendwelche Bestätigungen? Da wären einmal die eineiigen Zwillinge. Obwohl sie völlig identische Erbanlagen haben und man normalerweise davon ausgehen kann, dass sie sehr ähnlichen Erziehungseinflüssen ausgesetzt sind, zeigen sich bei ihnen oft ganz erstaunliche Charakterunterschiede. Wie soll man sich das erklären? Ich weiß, dass inzwischen einige Genetiker dabei sind, die Zeit zwischen Zeugung und Geburt ins Auge zu fassen, in der die Kinder unter Umständen verschiedenen schädlichen Einflüssen ausgesetzt sein mögen. Was soll ihnen auch Besseres einfallen, wenn sie davon ausgehen, dass es die Präexistenz der Seele nicht gibt?

Auch die sogenannten Wunderkinder kann man zur Bestätigung heranziehen. Wenn ein Kind mit acht Jahren in der Lage ist, ein Instrument auf brillante Weise zu beherrschen und eigene Musikstücke zu komponieren, so fällt es schwer, das allein durch Vererbung und eine entsprechende Frühförderung zu erklären. Dafür reicht eine so kurze Zeit einfach nicht aus. Ich finde es sehr viel plausibler, davon auszugehen, dass das Kind seine Musikalität bereits in früheren Leben entwickelt hat, und dass eine Familie gesucht wurde, bei der es diesbezüglich in guten Händen ist. Und es gibt schließlich auch Wunderkinder, bei denen in der Familie, in die sie hineingeboren sind, keine entsprechenden Begabungen vorhanden sind. Wie soll man sich die erklären?

Das sind Belege, die man so akzeptieren kann oder auch nicht. Für viele Eltern gibt es darüber hinaus eine ganz persönliche Erfahrung, die sie unter Umständen tief berührt. Sie schauen ihr Baby an, das erst ganz kurz auf der Welt ist, und sehen in alte, weise Augen, die bereits viel gesehen haben und aus denen die (oft leidvolle) Erfahrung von Jahrtausenden spricht. Es sind einfach alte Seelen, und das nimmt man auf einer Ebene wahr, die eines konkreteren Beweises nicht bedarf. Kinder können in diesem Punkt auch sehr unterschiedlich sein, wenn sie ankommen. Manche sind voller Protest ("Das ist eine Zumutung!"), manche nur verzweifelt und unglücklich ("Wie furchtbar es hier ist, bitte helft mir!"), aber auch liebevoll und fröhlich ("Wie schön, dass ich bei dir sein kann!") oder einfach wissend ("Mir braucht ihr nichts zu erzählen, ich weiß bereits alles."). Den Skeptiker kann so etwas mit Sicherheit nicht überzeugen, aber ich würde Eltern gern ermutigen, ihrem Gefühl zu vertrauen.

Was bedeutet das nun alles für die Eltern? Ich denke, vor allem bringt es eine ungeheure Entlastung. Bisher hatten, wenn das Kind unerwünschte Eigenschaften an den Tag legte, immer die Eltern Schuld: Entweder sie haben dem Kind die entsprechenden Eigenschaften vererbt oder sie haben es schlecht erzogen oder beides. Diesen Schuh brauchen sie sich jetzt nicht mehr anzuziehen. Es gibt noch diesen dritten Faktor, für den sie nicht verantwortlich sind. Sie haben es auch nicht mehr nötig, sich zu rechtfertigen mit dem Satz: "Also, von mir hat er das nicht!" Ja, das mag schon so sein, aber er muss es auch nicht von dem Partner (oder dessen Familie) haben.

Auf der anderen Seite bedeutet es, wenn man die Sache ernst nimmt, für die Eltern auch ein Mehr an Verantwortung. Das Wesen, das jetzt in ihre Obhut gegeben ist, hat noch viele Leben und einen langen, beschwerlichen Weg vor sich. Was man jetzt für dieses Kind tut, tut man nicht nur für dieses Leben, sondern für die Ewigkeit! Nicht mehr die eigenen Erziehungsvorstellungen sind wichtig, sondern die Frage, was dem Kind auf seinem Weg am besten helfen kann. Das kann gegebenenfalls auch Strenge und Konsequenz sein. Wenn man dabei grob versagt, geht man das Risiko ein, sich aufs Neue schuldig zu machen.

Mitleid mit Neugeborenen?

Dass sich viele Seelen sehr schwertun, wenn es an der Zeit ist, sich auf eine neue Inkarnation einzustellen, wurde schon an früherer Stelle beschrieben. Ich überspringe hier die Vorbereitungszeit in der geistigen Welt, das Leben im Mutterleib und den eigentlichen Geburtsvorgang. Was geschieht aber, wenn das Kind wirklich als Individuum in unserer Welt angekommen ist? Ich denke, aus lauter Begeisterung für das Neugeborene übersehen wir leicht, was für ein ungeheurer Schock es für das Baby sein muss. Es kommt aus der Geborgenheit der geistigen Welt und findet sich auf einmal in der harten Welt der Materie wieder. Das beginnt schon mit der Beleuchtung und führt über Empfindungen wie Kälte, Schwere, Nässe, Hunger und so weiter zu dem Erlebnis von Hilflosigkeit, Abhängigkeit, Fremdheit und Isolation. Was für ein Abstieg, wenn man doch vorher in einer Welt gelebt hat, in der man sich frei bewegen konnte und nirgends an die Begrenzungen durch die Materie gestoßen ist! Ich denke, es fällt uns im Allgemeinen schwer, uns das Ausmaß dieses Schocks so richtig vorzustellen.

Nun werden ja, jedenfalls bei uns, die meisten Kinder mit sehr viel Freude, Liebe und Bewunderung begrüßt, wenn sie auf diese Welt kommen. Ich muss mich hüten, hier zu sehr von mir auf andere zu schließen, aber es kann ihnen auch ein eisiger Wind entgegenschlagen. In jedem Fall bleibt die Tatsache bestehen, dass sie von nun an, zumindest in den ersten Jahren, auf Gedeih und Verderb ihren Eltern (oder anderen Pflegepersonen) ausgeliefert sind, nicht in jedem Fall eine angenehme Vorstellung! Ich weiß zwar, dass die meisten Menschen kleine Babys vor allem "süß" finden; mir tun sie ob ihrer Hilflosigkeit und Schutzbedürftigkeit jedoch in erster Linie leid, und ich finde, sie brauchen nicht nur unsere Bewunderung, sondern auch unser Mitgefühl.

Es schwebt ja auch über allen Kindern, was sie aber wahrscheinlich, Gott sei Dank, nicht wahrnehmen, die Last der Aufgaben, die sie sich für dieses Leben vorgenommen haben. Und manche erwartet auch ein wirklich hartes Schicksal, das man ihnen gern ersparen möchte und das einem den höchsten Respekt abnötigt. Einer der erschütterndsten Sätze, die ich in den letzten Jahren gelesen habe, stammt aus dem Buch von Gershom. Eine Frau berichtet ihm von einem Traum aus ihrer Kinderzeit, der offenbar eine Erinnerung an ein Erlebnis aus einem früheren Leben war. Sie starb als Kind im KZ, indem sie, zusammen mit anderen Kindern, lebendig in einen Verbrennungsofen geworfen wurde. Bei der Ankunft im KZ hatte sie ihre Mutter gefragt: "Warum machen die das mit mir? Ich war doch immer artig." (Gershom 1997, S. 92)

Die Beziehungen zu den einzelnen Kindern können sehr verschieden sein

Für die unterschiedlichen Gefühle den verschiedenen Kindern gegenüber, insbesondere für die Ablehnung eines bestimmten Kindes, kann es eine Reihe von Gründen geben. Die Kinder werden ja, außer wenn es sich um Zwillinge handelt, nicht zum gleichen Zeitpunkt im Leben der Mutter geboren. So könnte die Mutter zum Zeitpunkt der Zeugung, der Schwangerschaft, der Geburt oder der Zeit danach in einer schwierigen Lebenssituation gewesen sein, die vielleicht auch mit dem Vater des Kindes zu tun hatte, so dass das Kind vor allem störte. Es könnte überhaupt ein unerwünschtes Kind sein oder das "falsche" Geschlecht haben. Oder es könnte bestimmte Eigenschaften an sich haben, die es der Mutter schwermachen, dieses Kind zu akzeptieren. Es könnte überhaupt für die unbewussten Heilserwartungen, die die Mutter gerade auf dieses Kind gerichtet hatte, von seiner Art her einfach nicht geeignet sein.

Es gibt Mütter, die sich dieser Problematik durchaus bewusst sind, trotzdem aber nur schlecht dagegen ankommen. Wie qualvoll solch eine Konstellation sein kann, möchte ich am Beispiel einer meiner Patientinnen zeigen:

Die Patientin war 29 Jahre alt und hatte zwei Töchter im Alter von fünf und drei Jahren. Sie war sehr darum bemüht, ihren Kindern eine liebevolle und einfühlsame Mutter zu sein. Tatsächlich wurde sie jedoch mit den Kindern nur sehr schwer fertig. Bei näherem Hinsehen stellte es sich allerdings heraus, dass die Schwierigkeiten, die dazu führten, dass das häusliche Leben oft geradezu chaotische Formen annahm, eigentlich nur mit der älteren Tochter zu tun hatten. Wenn es der Patientin gelang, die Probleme auseinanderzuhalten, merkte sie, dass sie ihre jüngere Tochter sehr genießen und von ihrer lockeren, selbstverständlichen Art sogar selbst profitieren konnte. Die ältere Tochter dagegen erschien ihr als steif und ungraziös, als unzufrieden und ständig fordernd, und sie lehnte sie in starkem Maße ab. Bereits bei ihrem ersten Vorgespräch nannte die Patientin die Beziehung zu dieser Tochter als eines ihrer dringendsten Probleme: "Ich lehne dieses Kind so ab, und ich habe einen unheimlichen Hass auf es." "Ich habe Angst davor, was ich dem Kind antue." Zitate aus späteren Sitzungen: "Nichts, was sie tut, ist mir emotional recht." "Es ist etwas in mir ihr gegenüber, was sie für mich zum Ungeheuer macht."

Dabei konnte die Patientin durchaus sehen, dass diese Tochter ein sehr liebenswertes und heiteres Kind war, wenn sie mit anderen Menschen zusammen war. Nur im Zusammensein mit ihrer Mutter entwickelte sie Verhaltensweisen, die sie dieser so unerträglich machten. Es war ein Teufelskreis, in dem beide gefangen waren. Das Kind spürte die Ablehnung der Mutter, klammerte sich daraufhin mit Verzweiflung an sie, auch unter Einsatz des gesamten Registers von Trotz, Widerspruch, Nörgeln, Weinen und so weiter, und machte sich dadurch nur immer unbeliebter, worauf sich der Mechanismus aufs Neue verstärkte.

Einmal spielte sich eine schreckliche Szene ab, als die Tochter nach einigen Tagen, die sie woanders verbracht hatte und die die Patientin wie einen Urlaub erlebt hatte, nach Hause zurückkam. Mutter und Tochter gerieten sofort wieder aneinander, und es machte sich die alte Verzweiflung auf beiden Seiten breit. Als die Patientin hörte, wie die Tochter abends allein in ihrem Bett weinte, wollte sie am liebsten in die Küche laufen und sich mit einem Messer erstechen, weil sie die Situation nicht länger ertragen konnte.

Schon damals hätte ich mich gefreut, wenn ich eine Möglichkeit gesehen hätte herauszufinden, was eigentlich dahintersteckte. Da die Patientin an Reinkarnation glaubte, forderte ich sie auf, sich in einen meditativen Zustand zu versetzen, in dem sie vielleicht Auskunft darüber erhalten könnte, was sie wohl an und mit diesem Kind lernen sollte und welcher Art ihre frühere Beziehung gewesen sein könnte. Sie erhielt als Antwort, das gemeinsame Thema sei "verzweifelte Liebe" gewesen. Mehr war im Moment nicht herauszufinden. Wie sich später herausstellte, war das tatsächlich das Thema, um das es hauptsächlich ging. Hier kann man sich schon die Frage stellen, ob es nicht hilfreicher wäre, wenn wir mehr über eventuelle frühere Begegnungen wüssten.

In der Literatur finden sich durchaus einige Fälle, in denen die Mütter durch mediale Durchgaben oder auch Rückführungen die Chance erhielten, in dem Problem mit ihrem Kind ein Stück weiterzukommen. Zunächst eine mediale Durchgabe eines Mediums, das dieses von der sogenannten "Quelle" erhielt:

> Frage der Klientin: "Aus irgendeinem Grund habe ich zu meiner jüngeren Tochter eine weitaus engere Beziehung."
> Antwort: "Ja. Du kamst in dieses Leben, um die Lehrerin deiner älteren Tochter zu sein. Zu deiner jüngeren Tochter, die eine sehr fröhliche Seele ist, hattest du zeitweise eine Beziehung, die mehr schwesterlicher Art ist und weniger eine solche zwischen Mutter und Tochter. Deine Rolle bezüglich dieser beiden Personen ist sehr unterschiedlich. Die eine kam, um mit dir als Lehrerin zu lernen, während die andere kam, um dir Gesellschaft zu leisten, ein verwandter Geist zu sein." *(Steiger (Hrsg.) 1982, S. 114)*

Bei Weiss (2007) wird der Fall einer Patientin beschrieben, die ihre Tochter von Geburt an ablehnte. Beide waren in einem früheren Leben Rivalinnen um den gleichen Mann gewesen. Erst als die Tochter in ihrer eigenen Regressionstherapie auf die gleichen Einzelheiten stieß, konnten sie darüber reden und sich aussöhnen.

Sehr eindrucksvoll ist ein bei Gershom beschriebener Fall. Auch diese Mutter kam mit ihrer 10-jährigen Tochter nicht klar: "Es gab Zeiten, in denen sie mich mit solchem Hass anschaute, dass ich nach altem Muster wütend wurde und Dinge sagte, die ich sogleich bereute, kaum waren sie ausgesprochen." *(Gershom 1997, S. 333)*

In der Rückführung stellte sich heraus, dass die Klientin in ihrem letzten Leben als jüdisches Kind in einem Konzentrationslager zusammen mit ihrem neugeborenen Bruder vergast worden war. Ihre jetzige Tochter war damals eine KZ-Aufseherin gewesen, die der Klientin große Angst gemacht hatte. Wahrscheinlich war diese Aufseherin selbst Jüdin gewesen, hatte das aber vor den Nazis geheim halten können.

Die Klientin hatte Kontakt mit dem Rabbi Gershom aufgenommen, der sich für ehemalige KZ-Opfer interessierte. Als sie dabei war, seinen Antwortbrief zu lesen, kam die Tochter herein.

> "Ich sagte ihr, daß ich einem Rabbi in Amerika geschrieben habe wegen eines früheren Lebens im Holocaust, an das ich mich erinnern könne. Sie bat mich, ihr davon zu erzählen. Ich antwortete, daß ich mich noch nicht in der Lage fühle, über diese Sache zu sprechen, aber ich sei sehr froh, daß sie sich entschieden habe, in diesem Leben als meine Tochter zur Welt zu kommen. Ich sagte ihr, daß ich sie für die tapferste und mutigste Person halte und glücklich sei, sie als Tochter zu haben. Sie schaute auf zu mir, legte die Arme um meine Hüften und sagte: 'Mami, komme ich in der Geschichte auch vor?' Ich sagte Ja. Einige Sekunden lang war sie still, dann sagte sie: 'Gell, Mami, ich war auf der anderen Seite.'

Ich konnte nichts sagen. Ich hielt sie einfach fest und flüsterte ihr zu, sie sei 'mein kleiner Liebling'. Sie kicherte und sagte, daß sie es liebe, so genannt zu werden. So sagte ich es wieder und wieder, bis wir beide lachten und uns umarmten.

Dies war der Wendepunkt in unserer Beziehung. Angst- und haßerfüllte Blicke erhalte ich nur noch selten, und wenn sie auftreten, nehme ich sie nicht mehr persönlich. Sie gehen mir zu Herzen und erinnern mich daran, daß Leah in diesem Leben meine jüdische Tochter ist. Und dafür ehre und bewundere ich sie. Sie lebt in ihrem eigenen Heilungsprozeß - wie wir alle -, nur ist es jetzt sehr viel leichter, sie zu verstehen, nachdem ich ein wenig sehen konnte, woher sie gekommen ist."

(Gershom 1997, S. 333 ff.)

Es soll nun aber nicht der Eindruck erweckt werden, dass es vor allem negative Mutter-Tochter-Beziehungen gibt. Das ist natürlich nicht der Fall. Allerdings sind sie wohl doch manchmal von ganz besonderer Art. Darauf wird in einem späteren Kapitel noch weiter eingegangen.

Schwierige Kinder

In diesem Kapitel geht es nicht nur um schwierige Kinder, sondern es ist auch ein schwieriges Thema, bei dem man leicht in irgendwelche Fettnäpfchen treten kann.

Dass Kinder Schwierigkeiten machen, besonders in der Pubertät, kann schon als normal gelten. Je mehr Entwicklungsspielraum wir ihnen lassen, desto mehr müssen wir damit rechnen, dass sie davon auch Gebrauch machen. Mit Sicherheit gab es in früheren Jahrhunderten sehr viel weniger "schwer erziehbare" Kinder. Sie hatten zu gehorchen, und sie taten es auch. Seien wir froh, dass sie sich jetzt auch zur Wehr setzen dürfen.

Wichtig ist aber vor allem, was später aus diesen Kindern wird. Ich bin mir sicher, dass es niemals einen Lebensplan gibt, der vorsieht, dass ein Mensch zum Mörder, zum Kriminellen oder zum Alkoholiker wird. Was vorgegeben ist, ist die entsprechende Prüfung, die man bestehen kann oder nicht. Vorgegeben mag auch der Schwierigkeitsgrad der gestellten Aufgabe sein. Und wer die nötigen Voraussetzungen mitbringt, könnte durchaus in eine Familie hineingeboren werden, die ihm, damit es leichter wird, ein Höchstmaß an Halt, Unterstützung und Zuwendung gibt. Ich bin allerdings nicht der Meinung, die Kardec in seiner medialen Durchgabe erhielt, dass "ein böser Geist ... gute Eltern verlangen" kann. (Kardec 2005, S. 94) Verlangen können wir gar nichts. Unsere Startbedingungen können verschieden sein, aber dazu haben wir in früheren Leben beigetragen.

Auf diese Weise ließe sich auch erklären, wie es zu sogenannten "schwarzen Schafen", die gänzlich aus der Art schlagen, in einer ansonsten intakten und liebevollen Familie kommen kann. Die gängige Erklärung ist ja, dass es dieses bestimmte Kind aus den verschiedensten Gründen in dieser Familie schwerer hat als seine Geschwister, oder dass es sich aus dem Genpool die schlechtesten Eigenschaften zusammengesucht hat. Die Erklärung, die hier angeboten wird, lautet: Es handelt sich vielleicht um eine Seele, die in ihrer Charakterentwicklung noch schwierige Hürden zu nehmen hat, die aber die besondere Chance erhält, gerade in diese Familie zu kommen. Vielleicht braucht sie auch nur die Nähe einer ganz bestimmten Person aus dieser Familie. Eltern müssen also nicht unbedingt die Schuld bei sich selbst suchen, wenn eines ihrer Kinder so völlig aus dem Rahmen fällt.

Üblicherweise sind aber Personen, die später auf die schiefe Bahn geraten, von früher Jugend an benachteiligt. Sie stammen aus einer Familie, aus der sie schwer gestört hervorgehen, und haben leidvolle Erfahrungen mit Armut, Gewalt und sozialer Kälte hinter sich. Wieder stellt sich die Frage, warum eine Seele bereit sein sollte, freiwillig ein solches Leben auf sich zu nehmen. Könnte es vielleicht sein, dass sie die entsprechende Erfahrung einfach noch braucht? Es heißt ja, je weiter eine Seele ist, desto größer ist der eigene Entscheidungsspielraum. Weniger weit entwickelte Seelen werden dagegen wohl eher seltener nach ihrer Meinung gefragt.

Ich weiß, dass viele Menschen große Schwierigkeiten haben mit der Vorstellung, dass Menschen verschieden weit in ihrer Entwicklung sein können. "Wir sind doch alle gleich!" Nein, das sind wir nicht. Wir sind nur alle gleichwertig und werden, da von Gott geschaffen, auch so geliebt, wie wir sind. Aber wir können durchaus verschieden weit in unserer Entwicklung sein. Vielleicht muss man nicht unbedingt so weit gehen wie Newton (2008), der eine klare Einteilung in verschiedene Niveaustufen vornimmt und seine Klienten diesen zuordnet. Aber dass es einen Unterschied zwischen der Seelenreife einer Mutter Teresa und eines kriminellen Wiederholungstäters gibt, wird wohl niemand ernsthaft bestreiten wollen.

Im Folgenden möchte ich auf einen Menschen eingehen, bei dem ich leider den Eindruck hatte, dass die Seele bereits vorgeschädigt sein musste, bevor es zu ihrer jetzigen Inkarnation kam. Ich war in meinen Jugendjahren Grundschullehrerin, und es handelt sich um einen 10-jährigen Jungen, der im Laufe der 3. oder 4. Klasse zu uns stieß. Er verbreitete sofort eine Atmosphäre von Sadismus und Bosheit um sich, die einem das Blut in den Adern gefrieren ließ. Ich hatte wirklich eine sehr nette Klasse, die bereit war, alle Sitzenbleiberjungen, die am Anfang eines Schuljahres zu uns kamen, liebevoll aufzunehmen und sich um sie zu kümmern, auch wenn sie schwierig waren. Aber diese Methode versagte hier völlig, und mich beschäftigte bald vor allem der Gedanke, wie ich meine Kinder, besonders die Mädchen, vor ihm schützen konnte. Wenn ich heute so einem Kind begegnen würde, dann hätte ich die Gelegenheit, meine Geistführer über die Hintergründe zu befragen, aber an so etwas war damals natürlich nicht zu denken.

Um eins klarzustellen: Ich betrachte diesen Jungen als großen Ausnahmefall. In meinem ganzen langen Leben ist mir bisher kein Fall begegnet, den ich mit diesem Jungen vergleichen könnte. Leider weiß ich nichts mehr über seinen sozialen Hintergrund, nur dass er aus einer nicht geordneten Familie kam und auch in einem Kinderheim gewesen war. Aber ich kann mir einfach nicht vorstellen, dass es eine Lebenssituation geben kann, die in so kurzer Zeit so viel Böses hervorbringen kann. Eher gehe ich davon aus, dass er in seinem jetzigen Leben besonders viel zu lernen hat.

Ich weiß inzwischen, dass ich nicht das mindeste Recht habe, einen anderen Menschen zu be- oder gar zu verurteilen. Er ist schließlich, wie jeder andere, ein Mensch, der seinen Weg zu gehen versucht und der vor allen Dingen Hilfe braucht. So fand ich beim Schreiben dieses Textes, dass es an der Zeit wäre, für ihn in der Wallfahrtskapelle in meiner Nachbarschaft ein Gebet zu sprechen, was ich inzwischen auch getan habe, ganz gleich, ob er noch lebt oder nicht. So etwas wäre mir damals in meinen kühnsten Träumen nicht eingefallen.

Ich habe lange gezögert, ob ich diesen Fall in das Buch aufnehmen soll und habe mich dann doch dazu entschlossen, auch wenn das unter Umständen zu Problemen führen kann.

Es stört mich, dass ich immer wieder einmal auf "esoterische" Literatur stoße, in der so getan wird, als ob alles heil ist. "Es muss nur jeder jeden lieben, und alles ist in Ordnung." Ich finde diese Welt nicht unbedingt heil. Mein Fuß stößt von Zeit zu Zeit an einen Stein, und das tut weh!

Kinder als Helfer für ihre Eltern

Dass Kinder ihren Eltern helfen, wenn diese älter sind und tatsächlich Hilfe brauchen, bedarf keiner näheren Begründung. Es ist eine Verpflichtung, der die meisten aus Dankbarkeit für das, was sie von den Eltern empfangen haben, auch gern nachkommen. Und Eltern nehmen eine solche Hilfestellung in der Regel auch mit Freuden an, unter Umständen schon dann, wenn sie noch gar nicht so alt sind. Wohl dem, der, wenn der Computer wieder einmal seine Kooperationsbereitschaft eingestellt hat, über Kinder verfügt, die in der Lage sind, diesen wieder zur Ordnung zu rufen!

Hilfestellungen für die Eltern sind immer dann angebracht, wenn sie den Fähigkeiten und dem Entwicklungsstand eines Kindes entsprechen. Das Kind hilft, weil es dazu in der Lage ist und die nötigen Voraussetzungen mitbringt. Ich denke da zum Beispiel an die Nachkriegszeit, in der es vor allem darum ging, genügend Lebensmittel oder Heizmaterial an Land zu ziehen. Oft waren es da Kinder, vor allem Jungen, die das in die Hand nahmen. Sie waren ständig unterwegs, hörten, wo es etwas zu holen gab, und schreckten auch vor eigentlich illegalen Aktionen nicht zurück. Dass sie dabei auch die Funktion des nicht anwesenden Vaters übernahmen, kann ich nicht als pathologisch ansehen. Sie waren die richtige Person am richtigen Platz und taten, was getan werden musste.

Nun gibt es aber auch Situationen, in denen Kinder die Helferrolle für die Eltern in einem Alter übernehmen, in dem sie eigentlich noch zu klein dafür sind. Als Psychotherapeutin stößt man immer wieder einmal auf solche Fälle. Nach meinen Erfahrungen handelt es sich dabei häufiger um die Mutter, und meistens sind es Töchter, die wir in einer solchen Konstellation finden. Sie übernehmen regelrecht die Mutterrolle für die eigene Mutter und richten ihr Leben so ein beziehungsweise versuchen, es so einzurichten, dass es möglichst auf die Bedürfnisse der Mutter abgestellt ist. Das kann bereits im Babyalter geschehen.

Hier einige Zitate aus Analysen verschiedener Patientinnen: "Ich habe meine Mutter geschont, bevor ich sprechen konnte. Ich bin in meinem Bettchen verstummt." "Dass ich für sie zu sorgen hatte, war mir immer klar." "Ich war überhaupt kein Mensch, ich war nur Schutzschild." "Ich musste immer die Nerven behalten, wenn sie durchdrehte. Ich konnte die Mutter nicht im Stich lassen." "Wenn die Eltern Streit hatten, bin ich im richtigen Augenblick runtergerast; ich musste ihr helfen, ich war für sie verantwortlich." "Ich würde sie so gern noch mal im Arm halten und ihr wirklich Geborgenheit geben."

Handelt es sich hier wirklich in allen Fällen um angemessene Hilfestellungen? Es kann doch nicht die vorrangige Aufgabe eines kleinen Kindes sein, für die eigene Mutter zu sorgen. Üblicherweise wird ein solches Verhalten mit dem Wunsch des Kindes nach Liebe und Zuwendung erklärt. Aus lauter Angst vor Liebesverlust tut das Kind alles, um die Mutter zufriedenzustellen. Das kann natürlich für die Eigenentwicklung des Kindes sehr hinderlich sein, da es nicht lernt, sich selbst und seine Bedürfnisse zu erspüren, für ihre Erfüllung in der Realität Sorge zu tragen und dabei notfalls auch auf die Akzeptanz durch das Gegenüber zu verzichten.

Im Rahmen der Reinkarnationslehre finden sich aber durchaus noch andere Erklärungen für solche auffälligen Hilfeleistungen für die Mutter. Sie können bereits vor der Inkarnation verabredet sein. Hier zwei Beispiele von Wambach:

> "Als Sie nach dem Zweck fragten, verstand ich, warum ich meine Eltern gewählt hatte. Es handelte sich darum, ihnen zu helfen, ihr Karma weiterzuführen. Ich sollte als ein Instrument benutzt werden, um meinen Eltern zu helfen. (Fall A-151)" *(Wambach 1984, S. 87)*

> "Als Sie nach dem Zweck dieser Lebenszeit fragten, sah ich ganz deutlich, daß es darum ging, für meine Mutter zu sorgen. (Fall B-99)" *(Wambach 1984, S. 88)*

Über die näheren Gründe erfahren wir bei Wambach nichts. Vielleicht bedarf gerade diese Mutter einer besonderen Hilfestellung, und das Kind möchte aufgrund einer gemeinsamen Vorgeschichte etwas vergelten oder wiedergutmachen. Es könnte aber auch sein, dass das Kind in einem früheren Leben tatsächlich die Mutter seiner jetzigen Mutter gewesen ist und aus dieser Beziehung noch Verhaltensweisen mit sich herumschleppt, die jetzt nicht mehr angebracht sind. Vielleicht geht es um Probleme wie Vereinnahmung und Machtanspruch durch Überfürsorge, und das Kind hat jetzt die Gelegenheit zu einer Loslassübung. Schließlich könnte es sich aber auch um ein ganz besonderes Kind handeln, das in seiner Entwicklung schon weiter ist als die Eltern und einfach helfen will, wie es auch anderen Menschen helfen würde. Damit wären wir bei den "außergewöhnlichen" Kindern, auf die im nächsten Kapitel näher eingegangen wird.

Außergewöhnliche Kinder

In diesem Kapitel soll es nicht um besonders begabte Kinder gehen, auch nicht um sogenannte Indigo-, Kristall- oder Regenbogen-Kinder. Bei Letzteren handelt es sich um Kinder mit ganz besonderen spirituellen Fähigkeiten, die angeblich zum ersten Mal auf dieser Erde sind und von anderen Sternensystemen kommen, um in der kommenden Zeit der Höherentwicklung unserer Erde dabei und behilflich zu sein (siehe auch Cooper 2007). Die Bezeichnung Indigo-, Kristall- oder Regenbogen-Kind stammt daher, dass sie eine besondere Aura haben, die von Hellsichtigen in diesen Farben wahrgenommen werden kann. Es fällt ihnen manchmal schwer, mit unserer Art zu leben, beispielsweise in unseren Schulen klarzukommen. Sie sind natürlich hochinteressant, aber ich habe mich bisher mit diesem Thema nicht ausführlich befasst und möchte deshalb auf die entsprechende, inzwischen ziemlich umfangreiche Literatur verweisen. Dass für sie ganz besondere Eltern ausgesucht werden, die ihnen wenigstens ansatzweise gerecht werden können, davon dürfen wir wohl getrost ausgehen.

Es soll hier vielmehr um Kinder gehen, die eine ganz normale Erdenentwicklung hinter sich haben, darin aber bereits besonders fortgeschritten und unter Umständen weiter als ihre Eltern sind. Warum auch nicht? Es steht nirgends geschrieben, dass Eltern weiter sein müssen als ihre Kinder. Solche Kinder können eine große Hilfe für ihre Eltern sein, sie können aber auch ein Geschenk sein für alle, die mit ihnen in Berührung kommen.

Es ist ja immer wieder die Rede davon, dass es Seelen gibt, die eine erneute Inkarnation auf der Erde gar nicht mehr nötig haben, sich aber freiwillig inkarnieren, um anderen zu helfen. Bei bestimmten Kindern könnte es sich tatsächlich um solche Seelen handeln. Wenn man mit solch einem Kind gesegnet ist, sollte man dafür sehr dankbar sein. Dass es so ist, wie es ist, kann man sich nicht selbst als Verdienst anrechnen, und man hat es ihm auch nicht vererbt.

Aus meiner eigenen Praxis kann ich von einer Patientin berichten, die zwei wirklich sehr ungewöhnliche Kinder hatte. Sie selbst strahlte für mich ebenfalls eine starke spirituelle Kraft aus, so dass ich ihr ohne Weiteres auch heilerische Fähigkeiten zugetraut hätte.

Der Sohn, ca. zehn Jahre alt, war nicht nur in der Lage, die Aura von Menschen zu sehen, sondern er zeigte ein für sein Alter ganz ungewöhnliches Maß an Reife, um nicht zu sagen Weisheit. Als er einmal Zeuge war, wie seine Mutter mit einer Freundin telefonierte, sagte er hinterher zu ihr. "Also Mama, so kannst du doch nicht mit deiner Freundin umgehen!" Da sie ihm auch in der Schule einen geschützten Rahmen bieten wollte, meldete sie ihn in einer nahegelegenen Klosterschule an. Sie wollte mit ihm darüber reden, was er wohl sagen könnte, wenn man ihm bei dem Aufnahmegespräch fragen würde, warum er auf diese Schule wollte. Er sagte nur: "Das lass mal meine Sorge sein." In dem späteren Aufnahmegespräch nannte er dann tatsächlich einen Grund, auf den so leicht keiner gekommen wäre, der aber den Schulleiter offenbar überzeugte.

Er war bei solchen Äußerungen niemals auch nur im Entferntesten frech oder gar unverschämt, sondern zeigte einfach eine natürliche Autorität, der man sich schlecht entziehen konnte. Nur mit den teilweise sehr extremen Auseinandersetzungen zwischen seinen Eltern konnte er nicht gut umgehen und entwickelte dann prompt heftige psychosomatische Störungen. Ich sah es unter diesen Umständen als meine Aufgabe an, die Patientin davor zu warnen, dieses Kind als persönlichen Berater zu missbrauchen, und ermutigte sie, ihm auch ein Stück unbeschwerte Kindheit zu ermöglichen.

Bei der Tochter, die zwei Jahre jünger war, zeigte sich eine ganz andere Art von Besonderheit. Offenbar hatte sie eine solch außergewöhnliche Ausstrahlung, dass ihre Klassenkameradinnen sich regelrecht darum rissen, in ihrer Nähe sein zu dürfen, um etwas von ihrem Glanz abzubekommen. Auch die Lehrerin, der das Kind gelegentlich unaufgefordert seine Hilfe anbot, wenn es das für erforderlich hielt, konnte sich dem nicht entziehen. In einem kleinen Notizheftchen, das Eltern und Lehrerin benutzen konnten, um auf unkonventionelle Weise schnelle Botschaften auszutauschen, schrieb die Lehrerin einmal einfach nur die kurze Notiz: "Es ist ein Geschenk, die Maria begleiten zu dürfen!"

Ja, solche Kinder zu haben, ist ein Glück für die Eltern. Man muss sie nicht "erziehen", was ja wohl heißt, sie zu etwas hinzuziehen, das man selbst für richtig hält. Das Einzige, was man für sie tun kann, ist, ihnen einen sicheren Raum zu bieten, in dem sie sich unbeschadet entfalten können. Sie sind nicht hier, um von uns etwas zu lernen, sondern wir können von ihnen lernen. Das in Demut anzunehmen und sich einfach nur in ihren Dienst zu stellen, sollte eigentlich eine leichte Aufgabe sein.

Behinderte Kinder

Behinderte Kinder zu haben, gehört mit zu den größten Herausforderungen, die es für Eltern geben kann. Niemand, der die Gelegenheit hatte, so etwas aus der Nähe zu erleben, wird das bestreiten wollen. Eltern sind normalerweise bereit, alles, was in ihren Kräften steht, für dieses Kind zu tun, und oft steht ihr ganzes Leben mehr oder weniger im Dienste eines solchen Wesens. Sie müssen darüber hinaus damit fertig werden, dass sie die Erwartungen, die sie in dieses Kind gesetzt hatten, begraben müssen, und oft besteht, jedenfalls wenn es sich um eine geistige Behinderung handelt, nicht einmal die Chance auf eine Besserung.

Nun kommt es ja sehr auf die Art und das Ausmaß der Behinderung an. Besonders bei wirklich schweren geistigen Behinderungen stellen sich Eltern oft die verzweifelte Frage: "Warum? Warum wird dem Kind (und uns) so etwas zugemutet?" Oder auch: "Was soll das für ein Gott sein, der so etwas zulässt?"

Es ist wirklich nicht leicht, darauf eine Antwort zu finden, und ich möchte mich auf keinen Fall dem Vorwurf aussetzen, in dieser schwierigen Frage neunmalklug daherzureden und mit einfachen Erklärungen aufzuwarten. Darum fange ich gleich mit den schwersten Fällen an und bringe dazu ein eigenes Erlebnis:

Vor vielen Jahren habe ich im Rahmen eines psychiatrischen Praktikums zusammen mit einer Gruppe junger Ärzte eine bestimmte psychiatrische Klinik besucht - und dort auch die Kinderstation. Es war ein einziger Schock! Auf dem Fußboden wuselten einige Kinder herum wie Tiere. Sie gaben irgendwelche unartikulierten Laute von sich und hatten zum Teil auch allerlei Verletzungen, die sie sich, zum Teil aus Versehen, selbst zugefügt hatten. Ein einziges Mädchen, dessen Alter ich auf vier Jahre schätzte, lag in einem Bett und war eigentlich ganz hübsch anzusehen. Aber uns wurde gesagt, dass es bereits zwölf Jahre alt war. Da konnte ich wirklich nur schnell eine Schwester suchen, die mir die Tür aufschloss, so dass ich mich, zusammen mit einem anderen Teilnehmer aus unserer Gruppe, ins Freie flüchten konnte. Wir erfuhren dann auch, dass alle Krankenschwestern der Kinderstation alle zwei Jahre ausgetauscht wurden, weil sie es länger nicht aushielten.

Wie kann man es angesichts solchen Elends wagen, überhaupt noch den Mund aufzumachen und von Lebensplan und Verabredung zu reden, der beide Seiten zugestimmt haben? Ich jedenfalls möchte solche Erklärungen den Eltern dieser Kinder nicht ins Gesicht sagen müssen. Genau gesagt passen solche schwierigen Fälle überhaupt nicht ins Konzept dieses Buches. Mit Sicherheit geht es hier nicht darum, dass frühere Beziehungen zwischen Eltern und Kindern aufgearbeitet werden sollen. Aber man kann sich natürlich die Frage stellen, warum gerade diese Eltern zu diesem Kind gekommen sind. Oft kann man davon ausgehen, dass sie sich einfach bereitgestellt haben, um dem Kind diese Erfahrungen zu ermöglichen. Es kann sich also um einen regelrechten Opfergang handeln. Natürlich haben sie dadurch auch die Chance, selbst ein Höchstmaß an selbstloser Liebe, Opferbereitschaft und Demut zu lernen.

Es kann aber auch sein, dass den Eltern eine solche Rolle nahegelegt wird, weil sie bei der Gelegenheit eigene Charaktermängel ausgleichen können. Zwei solcher Fälle finden sich bei Cerminara: Der Vater eines Mädchens, das mit einem "Wasserkopf" zur Welt gekommen war, bat Cayce um ein Reading für die Tochter, erhielt aber stattdessen eine Botschaft für sich selbst: "In der letzten Inkarnation hättest du helfen können und tatest es nicht. Du sollst nun besser in der Gegenwart helfen." (Cerminara o. J., S. 191) In dem zweiten Fall ging es um ein Kind mit Down-Syndrom. Hier war laut Cayce die Bosheit der Mutter gegenüber hilflosen Menschen in einem früheren Leben der Grund dafür, dass sie jetzt ein krankes Kind zu betreuen hatte.

Auch in diesen Fällen hatte die Behinderung des Kindes nichts mit einer früheren Beziehung zu den Eltern zu tun, und natürlich hatten die Eltern in keiner Weise irgendeine Schuld an der Behinderung des Kindes. Auch das Kind hat sich nicht für die Eltern geopfert. Es ist nicht behindert, damit die Eltern etwas lernen sollen, sondern es hat eine Inkarnation in einem behinderten Körper aus eigenen Gründen gewählt, und die Eltern erhalten bei der Gelegenheit eine Entwicklungschance.

Die Tatsache, dass bei einem Teil der Behinderungen auch ein Vererbungsfaktor in Betracht zu ziehen ist, ändert nicht grundsätzlich etwas an diesen Aussagen. Allerdings kann man hier vielleicht eher von einer vorherigen Verabredung zwischen beiden Seiten ausgehen. Dazu ein Beispiel von Whitton:

Eine Patientin beschreibt, warum sie sich in einem früheren Leben für eine ganz bestimmte Mutter entschieden hatte. "Ich entschied mich für meine Mutter, obwohl ich wußte, daß in ihrer Familie die Alzheimersche Krankheit sehr verbreitet war und ich höchstwahrscheinlich auch unter dieser Krankheit leiden würde. Aber meine karmischen Beziehungen zu meiner Mutter waren sehr viel wichtiger als jede erbliche Belastung."

(Whitton/Fischer 1989, S. 65)

Nun gibt es noch eine ganz andere Erklärung für Behinderungen. Häufig entstehen die Störungen ja erst im Laufe der Schwangerschaft oder während der Geburt beziehungsweise kurz danach. Man denke an die vielen Contergan-Kinder oder an schwerwiegende Störungen, die durch Sauerstoffmangel während der Geburt entstehen. Dabei liegt oft auch ganz offensichtlich ein ärztlicher Kunstfehler vor. Es ist also zu einer Panne gekommen, die nicht unbedingt so vorgesehen war. Das ohne Hass zu akzeptieren, fällt ganz ungeheuer schwer. Dabei sollte man den Arzt vielleicht besser in Ruhe lassen. Auch ein Arzt hat für seine Versäumnisse und Fehler geradezustehen, und wir können es getrost der geistigen Welt überlassen, für Gelegenheiten zu einem Ausgleich zu sorgen.

Viel schwieriger finde ich es, zur Kenntnis nehmen zu müssen, dass solche Pannen offenbar von geistiger Seite aus nicht verhindert werden oder verhindert werden können. Hier passiert ja genau das, was Leiden so unerträglich macht: Sie haben keinen Sinn, sondern entspringen einem "bösen Zufall". Aber offenbar kommt so etwas tatsächlich vor, auch wenn es mir schwerfällt, das zu akzeptieren. Das Positivste an solchen Pannen ist noch, dass beide Seiten die Chance erhalten, in ihrer Entwicklung ein großes Stück voranzukommen, aber ich finde den Preis unerträglich hoch.

Für konkrete Verabredungen zwischen Eltern und behindertem Kind habe ich in der Literatur, wie zu erwarten, kaum Beispiele gefunden. Ein Fall, bei dem es um eine "leichtere" Behinderung geht, findet sich bei Newton. Es handelt sich um eine 26-jährige Frau, der in einem früheren Leben bei einem Verkehrsunfall die Oberschenkelknochen beider Beine zermalmt worden waren und die danach körperlich schwer behindert war. Newton führte sie in die Vorbereitungszeit für diese Inkarnation zurück:

"Dr. N.: Ich möchte, dass Sie zu dem Moment gehen, in dem Sie Ashleys Leben auswählten. Erzählen Sie mir, wie Sie sich gerade für diesen, auf diese Art beschädigten Körper entschieden.

K.: Ich suchte eine Familie in einem zivilisierten, gesicherten Teil Amerikas aus. Ich wollte einen Ort mit Büchereien und wollte von liebenden Eltern versorgt werden, damit ich mich dem Lernen widmen konnte ...

Dr. N.: Was taten Sie als Ashley für diese liebende Familie, die für Sie sorgte?

K.: Es läuft immer in beide Richtungen - die Vorteile und die Verpflichtungen. Ich wählte diese Familie aus, weil sie die Erfahrung einer intensiven Liebe mit jemandem, der während seines ganzen Lebens völlig von ihnen abhängig war, brauchten. Wir standen uns als Familie sehr nahe, denn sie waren vor meiner Geburt einsam. Ich kam spät, als ihr einziges Kind. Sie wollten eine Tochter, die sich nicht verheiraten und sie wieder allein lassen würde.

Dr. N.: So war es ein Tauschhandel?

K.: Ganz klar.

(...)

Dr. N.: Erzählen Sie mir, was durch Ihr Seelenbewusstsein ging, als Sie im Raum der Lebenswahl die Szene von Ashleys Sturz und Verletzung sahen?

K.: Ich dachte darüber nach, wie dieser verkrüppelte Körper gut benutzt werden könnte. Ich hatte einige andere Angebote für körperliche Verletzungen, aber ich zog diesen vor, weil ich nicht die Fähigkeit zu viel Bewegung haben wollte ... Ich wurde eine Zuhörerin und eine Denkerin. Ich korrespondierte mit vielen Leuten und lernte, mit Inspiration zu schreiben. Ich errang die Fähigkeit, Junge zu unterrichten, und fühlte mich von einer inneren Kraft geleitet.

Dr. N.: War Ihr Berater stolz auf Ihre Leistung, nachdem Sie in die geistige Welt zurückgekehrt waren?

K.: Sehr, obwohl er mir sagte, ich sei ein bisschen zu nachsichtig behandelt und verwöhnt worden [lacht], aber eine solche Gegenleistung ist schon okay."

(Newton 2008, S. 194-196)

Ich bin froh, diesen Fall gefunden zu haben, er hört sich doch immerhin ganz positiv an.

Tod eines Kindes

Der Tod eines Kindes stellt für Eltern meist ein schier unüberwindliches Leiden dar. Ich habe in mehreren Therapien erlebt, dass die Wunden, die ein solcher Verlust reißt, selbst nach Jahrzehnten noch so frisch waren wie am ersten Tag, so dass der schöne Satz "Die Zeit heilt alle Wunden" hier leider nicht gilt. Besonders schlimm ist es natürlich für die Eltern, wenn es sich um das einzige Kind handelt.

Vielleicht war es in früheren Jahrhunderten leichter, mit dem Tod eines Kindes fertig zu werden, wenn der Schmerz auch noch so groß gewesen sein mag. Man hatte in der Regel mehrere Kinder, und man musste auch davon ausgehen, dass ein Teil von ihnen das Erwachsenenalter sowieso nicht erreicht, so dass man von vornherein gut daran tat, seine Zukunftserwartungen nicht zu sehr an einem bestimmten Kind festzumachen und eher bereit war, "sich Gottes Willen zu fügen".

Nun ist der Tod eines Kindes für die meisten Menschen unter anderem deswegen so unerträglich, weil sie davon ausgehen, dass die Seele nur dieses eine kostbare Leben hat. Warum muss das Kind sterben, bevor dieses Leben so richtig angefangen hat? Es ist so sinnlos! Und das Kind hatte ja auch noch keine Gelegenheit, etwas wirklich Böses zu tun. Warum wird das Kind so bestraft? Und warum werden die Eltern so bestraft?

Nun kann ja allein schon die Vorstellung, dass die Seele immer wieder aufs Neue inkarniert, dass also dieses eine kurze Leben nur eines in einer langen Kette ist und dass man die Chance hat, sich immer wieder erneut zu begegnen, dazu beitragen, den Tod leichter zu akzeptieren. Die Tatsache, dass das Leben zu Ende ist, ist dann - jedenfalls für den Betroffenen - nicht so schlimm. Man lebt ja bis zur nächsten Inkarnation in der geistigen Welt weiter, und das gilt nicht nur für Erwachsene, sondern natürlich auch für Kinder. Leiden bringt der Tod vor allem für die Hinterbliebenen, und das sollte man möglichst nicht einen Augenblick vergessen. Der Sterbende selbst bräuchte eigentlich keine Angst vor dem Tod zu haben, diese Erkenntnis ist sozusagen ein Nebenprodukt der Reinkarnationslehre.

Natürlich kann es außerdem hilfreich sein, sich mit den Gründen zu befassen, die für einen frühen Kindstod genannt werden. Diese können im Einzelnen sehr verschieden sein. So kann es sein, dass die Seele für ihre Entwicklung nur noch die Erfahrung der Geburt und eines kurzen Erdenlebens nötig hat, um anschließend in höhere Welten eingehen zu können. Cooper berichtet von einem anrührenden Fall, wo der Zwillingsbruder nur noch die Erfahrung des Lebens im Mutterleib brauchte, sie aber nutzte, um bei der Gelegenheit seiner Zwillingsschwester auf dem Weg ins Leben behilflich zu sein:

> "Eine Frau erwartete Zwillinge. In der Nacht vor deren Geburt träumte sie von einem Boot, das landete. In ihm saßen ein gut aussehender Prinz und eine wunderschöne Prinzessin. Der Prinz sprang an Land und half der Prinzessin beim Ausstieg. Dann kletterte er zurück ins Boot und segelte davon. Die Frau wusste, dass der Junge sterben und das Mädchen überleben würde. Als die beiden am nächsten Tag geboren wurden, geschah genau das. Ihr wurde klar, dass ihr Sohn seine Schwester nur auf ihrer Reise zur Erde begleitet hatte und dass dies genau die Erfahrung gewesen war, die beide gebraucht hatten."
>
> *(Cooper 2007, S. 198/199)*

Für die Frau war es eine Erleichterung, wenigstens etwas über den spirituellen Hintergrund zu wissen.

Nicht immer sind die Gründe für einen frühen Tod so erfreulich. So kann es sein, dass die Seele sich vorgeburtlich in der geistigen Welt nicht belehren ließ und so nicht fähig war, ihre Aufgaben ordnungsgemäß zu erfüllen. Durch einen frühen Tod kann sie dann die Chance erhalten, anschließend im "Kinderparadies" erzogen zu werden, wo sie eine bessere Basis für ihre Entwicklung vorfindet. *(Geistige Loge Zürich, 1999)*

Beim Medialen Friedenskreises Berlin [1999] heißt es, dass gelegentlich eine Seele, nachdem sie sich mit Gewalt in eine Inkarnation gedrängelt hat, ohne die Erlaubnis dazu zu haben, wieder aus dem Körper herausgeholt wird. Der Mensch stirbt in solchen Fällen ohne eine wirkliche Krankheit als Todesursache.

Bei Forsboom (1982) wird eine noch schlimmere Möglichkeit beschrieben: Die Seele kann in ihrer Entwicklung noch so weit zurück sein oder so tief gesunken sein, dass sie nicht in der Lage ist, einen Körper zu formen, der nach den Lebensgesetzen der Erde lebensfähig ist, so dass das Kind stirbt.

Häufiger geht es jedoch nur darum, dass es der Seele auf der Welt nicht zusagt. Sie fühlt sich den Herausforderungen, denen sie dort begegnet, nicht gewachsen und zieht sich zurück. Cerminara beschreibt einen solchen Fall aus den Cayce-Readings: Eine junge Frau "hatte sich ihre Eltern besonders wegen ihrer Anziehung durch die Mutter ausgesucht; nicht lange nach ihrer Geburt begann der Vater jedoch zu trinken, wurde nachlässig und bösartig. Enttäuscht beschloss die junge Seele, in dieser Umgebung nicht weiterzuleben, und nach einer kurzen Erkrankung an einem Kleinkinderleiden kehrte sie in jene Bereiche zurück, aus denen sie gekommen war." (Cerminara o. J., S. 184) Es wird ausdrücklich betont, dass so etwas relativ häufig vorkommt, und es wird "mit dem unauffälligen Fortgang eines Theaterbesuchers nach dem ersten, nicht zufriedenstellenden Akt" verglichen.

Das wäre auch eine Erklärung für den sogenannten "plötzlichen Kindstod". Dabei handelt es sich um Todesfälle, bei denen man eine Vorerkrankung und auch die Möglichkeit eines Unfalls ausschließen kann: Man kommt ans Bett, und das Kind ist tot. Eine Situation, die für Eltern geradezu ungeheuerlich sein muss! Das Kind hat einfach beschlossen, in die geistige Welt zurückzukehren! Ich bin allerdings nicht der Meinung von Cerminara, dass es dazu nur eines einsamen Entschlusses des Kindes bedarf. Man stirbt nicht einfach so, nur weil man es gerne möchte. (Manch ein alter Mensch würde sich über eine solche Möglichkeit sicher sehr freuen.) In dem Buch *Und ich sah einen neuen Himmel* (1984) heißt es dagegen, dass ein Kind bis zum Alter von elf Jahren - das ist angeblich der Zeitpunkt, zu dem die Seele endgültig in den Körper eingetreten ist - die Möglichkeit hat, diese Inkarnation zu beenden. Nach meinen Informationen geht so etwas nur zu Zeiten, für die eine der sogenannten "Ausstiegsmöglichkeiten" vorgesehen war, die vor der Inkarnation festgelegt wurden.

Die Gründe für den frühen Tod eines Kindes müssen aber nicht unbedingt bei dem Kind selbst liegen; es kann auch etwas mit den Eltern zu tun haben. Aus den verschiedensten Gründen kann es für ihre Entwicklung notwendig sein, durch diese bittere Erfahrung zu gehen, und die Seele des Kindes hat sich bereiterklärt, ihnen diese Erfahrung zu ermöglichen. Wenn man bedenkt, dass es aus geistiger Sicht keineswegs ein Nachteil ist, früh zu sterben, ist dieses Opfer vonseiten des Kindes vielleicht gar nicht so groß, wie man meinen könnte. Im Folgenden werden zwei Fälle von Newton wiedergegeben:

> "Mein Klient (war) früh in seinem letzten Leben an einem Geburtsschaden gestorben. Ich fragte: 'Was war der Sinn davon, dass Ihr Leben endete, als Sie erst ein paar Tage alt waren?' Er antwortete: 'Die Lektion war für meine Eltern, nicht für mich, und deshalb entschied ich mich ... zu ihnen zurückzukommen.'(...) In diesem Fall hatten die Eltern ein anderes Kind misshandelt und schließlich getötet,

> als sie in einem früheren Leben zusammen waren. Obwohl sie im letzten Leben meines Klienten ein liebevolles junges Paar waren, mussten diese Eltern offensichtlich den Kummer erfahren, dass ein Kind, das sie verzweifelt gewollt hatten, ihnen wieder weggenommen wurde. Die Qual dieses schrecklichen Verlustes zu erfahren gab den Seelen dieser Eltern tieferen Einblick in die Auswirkungen der Zerstörung eines Blutbandes." *(Newton 2008, S. 187)*

Nicht immer muss es das eigene Kind gewesen sein, dem man in einem früheren Leben geschadet hat. Eine Frau berichtet:

> "Ich lebte als wohlhabende ältere Dame im London des 19. Jahrhunderts. Das Leid der verwahrlosten Kinder auf den Straßen in der Nähe meines Hauses interessierte mich so gut wie gar nicht. Ich war völlig gefühllos gegenüber ihrer Not, denn es waren ja nicht meine Kinder; in meinen Augen waren ihre Eltern oder der Staat für sie verantwortlich, mich ging das alles nichts an. Ich schaute einfach weg, obwohl ich genug Geld gehabt hätte, um das Waisenhaus und ein Heim für junge unverheiratete Mütter ganz in der Nähe zu unterstützen. Ich wusste, dass diese Einrichtungen ständig in Geldnot waren, und trotzdem tat ich nichts. Im Leben zwischen den Leben fasste ich den Entschluss, meine Oberflächlichkeit abzulegen. Ich stimmte zu, am eigenen Leib zu erfahren, wie es ist, ein Kind, das man liebt, zu verlieren. Was für ein entsetzlicher Schmerz, doch dadurch lerne ich Mitgefühl." *(Newton 2006, S. 337)*

Anscheinend gehen manche Eltern davon aus, dass es sich beim Verlust eines Kindes um den karmischen Ausgleich für einen Kindesmissbrauch in einem früheren Leben handelt. Newton betont aber ausdrücklich, dass das nicht der Fall ist. Es kann aufseiten der Eltern wirklich die verschiedensten Gründe geben. Nach Jaeckel geht es manchmal einfach nur darum, sich "von einer unangemessenen Ego-Verhaftung an den Verstorbenen" zu befreien oder sein "Selbstmitleid" zu überwinden. (Jaeckel 1984, S. 76/77)

Für die Eltern spielt sicher auch die Todesursache des Kindes eine wichtige Rolle. Oft löst ja der Tod eines Kindes heftige Schuldgefühle aus, vor allem wenn es sich um einen Tod durch Unfall handelt: "Haben wir irgendetwas falsch gemacht?" Das kann durchaus sein, der Tod des Kindes kann aber trotzdem, zumindest als Möglichkeit, vorher geplant gewesen sein.

Hier noch ein kurzes Wort zu den Geschwistern des verstorbenen Kindes. Auch für sie ist es oft nicht leicht, mit dem Tod ihrer Schwester oder ihres Bruders fertig zu werden. Neben dem Verlust eines möglichen Freundes kommt es häufig zu Schuldgefühlen, die manchmal auch unbewusst sind. Vor allem leiden sie aber unter der Tatsache, dass die Eltern oft so sehr mit ihrem Schmerz beschäftigt sind, dass sie darüber das noch lebende Kind fast aus den Augen verlieren. Ich habe einen solchen Fall nur einmal in einer Therapie erlebt. Die Patientin beklagte sich immer wieder darüber, dass für ihre Mutter die tote Schwester wichtiger sei als sie selbst. Ähnliches gilt auch für die Geschwister eines behinderten Kindes. Auch sie müssen oft mit der Tatsache leben, dass dieses Kind den größten Teil der Aufmerksamkeit der Eltern auf sich zieht.

Bei der Frage, ob es wichtig ist, zu welchem Zeitpunkt der Tod des Kindes erfolgt, kommen wir zu einem heißen Thema, jedenfalls wenn dieser Zeitpunkt zwischen Zeugung und Geburt liegt und es sich um eine Abtreibung handelt. Zu diesem Thema liegen viele Aussagen aus der geistigen Welt vor. Ich klammere es jedoch bewusst aus. Dieses Buch bietet auch so schon genug Zündstoff; es muss nicht auch noch dieses Thema sein!

Nun kommt es ja relativ häufig vor, dass der Embryo auch ohne das Zutun der Mutter stirbt, bevor es zur Geburt kommt. Was geschieht dann mit der Seele dieses Kindes? Angeblich wird sie in der geistigen Welt aufgezogen, bis sie die normale Geburtsreife erreicht hat. Es scheint auch immer wieder vorzukommen, dass Seelen, übrigens auch abgetriebene, es zum zweiten Mal bei den gleichen Eltern versuchen, oft mit Erfolg.

Nun zu der wichtigen Frage, was mit den Seelen der Kinder wird, wenn sie in der geistigen Welt ankommen. Es gibt viele Schilderungen über das "Kinderparadies", in das sie kommen. Wenn man das liest, kann man richtig neidisch werden auf alle Kinder, die frühzeitig sterben. Sie werden dort mit der größten Liebe und Sorgfalt von eigens dafür eingesetzten Wesenheiten aufgezogen. Wenn sie noch klein sind, kommen sie in den Kindergarten, wo sie auch getröstet werden, wenn sie sich nach ihren Eltern sehnen. Später kommen sie dann in die Schule, bis sie das normale Erwachsenenalter erreicht haben. Alles, was für sie wichtig ist, wird ihnen auf geistigem Wege vermittelt, und sie lernen auf diese Weise sehr viel schneller, als wenn sie noch auf Erden wären, und haben einfach die Chance zu einer Entwicklung, die weit über das hinausgeht, was sie auf der Erde in dieser Zeit erreichen könnten.

Man muss sich also um diese Kinder keine Sorge machen. Ihnen geht es gut, für sie ist bestens gesorgt. Das größere Problem sind die Eltern, die mit dem Verlust fertig werden müssen. Es wird immer wieder erwähnt, dass sie sich bemühen sollten, sich nicht zu sehr an die Verstorbenen zu klammern, weil sie sie sonst möglicherweise daran hindern, in ihrer Entwicklung in der geistigen Welt voranzukommen.

Es ist aber nicht so, dass die Kinder, kaum dass sie in der geistigen Welt ankommen, sofort zu Engeln werden, genauso wenig wie Erwachsene. Vielmehr schließen sie an das an, was sie vor ihrer Zeugung und in der kurzen Zeit danach an Reife erworben haben. Sie kommen darum auch nicht alle in dieselbe Schule, sondern die Zuordnung richtet sich nach ihrem Entwicklungsstand und nicht nur nach ihrem Alter.

Von einem gewissen Reifegrad an werden sie gern als Geistführer für auf der Erde lebende Menschen eingesetzt, unter Umständen sogar für ihre eigenen Eltern, denen sie, soweit möglich, Beistand gewähren. Für manche Eltern, die sowieso oft das Gefühl haben, dass ihr verstorbenes Kind irgendwie um sie ist, mag es ein großer Trost sein, das zu hören. Virtue berichtet von einer Klientin, die ihre vierjährige Tochter verloren hatte. Als sie während der Sitzung anfing, untröstlich zu weinen, malte ihr die Tochter, die in der geistigen Welt war und von Virtue wahrgenommen werden konnte, einen Regenbogen. Die Mutter verstand es sofort: "Sie liebte es, Regenbogen zu malen, und sie wusste, dass sie auch mir damit immer ein Lächeln aufs Gesicht zauberte." (Virtue 2008, S. 203) Die Schriftstellerin De Jouvenel (1953) empfing über zwei Jahre hinweg von ihrem verstorbenen Sohn hilfreiche Durchgaben, die sie auch als Buch veröffentlichte.

Kinderlosigkeit, Adoptiveltern

Es gibt heutzutage viele junge Paare, die gar keine Kinder haben wollen. Aus geistiger Sicht ist das in Ordnung. Es gibt für eine Frau viele andere sinnvolle Beschäftigungen, in denen sie Erfüllung finden kann. Da sie in früheren Leben mit ziemlicher Sicherheit bereits viele Kinder geboren und aufgezogen hat, muss sie diese Erfahrung nicht unbedingt auch in ihrem jetzigen Leben machen.

Hier geht es vor allem um ungewollte Kinderlosigkeit. Manche Frauen, die gern Kinder haben möchten und keine bekommen, leiden ganz entsetzlich darunter. Oft erscheint es ihnen als das Einzige, was sie wirklich in ihrem Leben wollen, und sie lassen keine Möglichkeit unversucht, um diesen Wunsch doch noch erfüllt zu bekommen.

In einem solchen Fall könnte es sinnvoll sein und wesentlich zur Entspannung beitragen, wenn man sich mit der Frage auseinandersetzt, ob es vielleicht in diesem Leben gar nicht vorgesehen ist, Kinder zu haben. Eine dezidierte Stellungnahme dazu habe ich in dem Buch *Und ich sah einen neuen Himmel* (1984) gefunden. Dort heißt es ganz klar und eindeutig, dass Frauen, die keine Kinder bekommen können, diese auch nicht bekommen sollten, und dass eine künstliche Befruchtung gegen das Naturgesetz verstößt. Ich finde es ganz interessant, dass man immer wieder einmal von Fällen hört, wo die Eltern unbedingt Kinder haben wollten und sich dieser Wunsch erst erfüllte, nachdem sie ein anderes Kind adoptiert hatten. Ob das nur mit Entspannung zu tun hat, wage ich nicht zu entscheiden.

Damit sind wir beim Thema Adoptiveltern. Auch hier wird davon ausgegangen, dass so etwas nicht zufällig zustande kommt. Laut Wambach (1984) scheint es so zu sein, dass in den meisten Fällen zu den späteren Adoptiveltern bereits in früheren Leben eine Beziehung bestanden hat und dass von vornherein der Plan bestand, von diesen Eltern aufgezogen zu werden. Die meisten adoptierten Probanden gaben an, dass sie karmische Bindungen zu ihren Adoptiveltern hatten, ihre leiblichen Eltern dagegen in einem früheren Leben nicht gekannt hätten. Einige wussten vorher, dass sie nur über den Umweg der Adoption zu diesen vorgesehenen Eltern gelangen konnten. Das kann zum Beispiel dann notwendig werden, wenn bei ihnen die physischen Voraussetzungen für eine Elternschaft nicht gegeben sind.

Interessanterweise nehmen zwei Autoren, die sich zur Frage der Adoption äußern, nämlich Wambach (1984) und Weiss (2007), Bezug auf das Sprichwort "Blut ist dicker als Wasser" und stellen fest, dass noch stärker als Blut aber offenbar geistige

Bindungen beziehungsweise Verbindungen aus früheren Leben sind, das heißt, die Bindungen zu den Adoptiveltern zählen mehr als die zu den leiblichen Eltern.

Es kann natürlich auch Ausnahmen geben. Eine der Probandinnen von Wambach war besonders clever: Sie suchte die leiblichen Eltern nur wegen des genetischen Materials aus, die Adoptiveltern wegen der Umgebung, die sie ihr bieten konnten: "Ich wählte einen Satz Eltern für den genetischen Hintergrund und einen anderen für die äußeren Lebensbedingungen."

(Wambach 1984, S. 163)

Häufig muss man aber wohl davon ausgehen, dass es durchaus eine frühere Beziehung zu den leiblichen Eltern gegeben hat. Viele adoptierte Kinder quälen sich ja mit der Frage herum, wer ihre Eltern sind - und vor allem warum ihre Mutter sie weggegeben hat. Hier würden sich in den meisten Fällen sicher alte karmische Belastungen ausfindig machen lassen. Ein solcher Fall wird auch bei Wambach beschrieben:

> Die leiblichen Eltern der Probandin waren in einem früheren Leben ihre Kinder gewesen, und sie hatte diese verlassen, als sie noch klein waren. Im jetzigen Leben hatten sich die Verhältnisse umgekehrt: "Mir wurde völlig deutlich, dass ich mich für diese Lebenszeit entschied, um zu erfahren, wie es ist, wenn man von seinen Eltern verlassen wird. Ein wichtiger Teil der Lektion, die ich hier zu Beginn zu lernen hatte, war, der Sympathie von Fremden ausgeliefert zu sein. Ich kannte meine Adoptiveltern nicht."
>
> *(Wambach 1984, S. 164)*

Auch bei dem auf S. 102 ff. dieses Buches geschilderten Fall ging es darum, dass die leibliche Mutter ihr Kind als kleines Baby ausgesetzt hatte, ein Kind, von dem sie in einem früheren Leben, als er ein Hohepriester war, zum Tode verurteilt worden war. Auch hier sollten alte Geschichten im jetzigen Leben bereinigt werden.

Oft sind es also die adoptierten Kinder, die in Bezug auf ihre leiblichen Eltern etwas aufzuarbeiten haben. Laut Virtue (2008) haben sie in der Regel mehr Engel und Führer um sich als andere. Sie konnte auch feststellen, dass sich darunter *stets* auch ein verstorbener Verwandter ihrer Geburtsfamilie befindet.

Aber auch für die leibliche Mutter ist es oft nicht leicht, damit fertig zu werden, dass sie das Kind weggegeben hat beziehungsweise - aus ihrer Sicht - weggeben musste, so dass es durchaus möglich ist, dass es auch auf ihrer Seite etwas aufzulösen gibt. Erfreulicherweise gibt es natürlich auch viele Adoptionsfälle, in denen die Adoption für keine der beteiligten Personen ein wirkliches Problem darstellt. Für alle anderen könnte es aber durchaus lohnend sein, sich mit der Frage nach den möglichen Ursachen zu beschäftigen.

Loslassen der Kinder leichtgemacht?

In diesem langen Kapitel ging es um die Beziehungen von Eltern zu ihren Kindern und um verschiedene Probleme, die dabei auftreten können. Ich habe versucht zu zeigen, dass es sich dabei nicht um Zufälle handelt, sondern dass sich dahinter ein Sinn verbirgt, der eine Lernchance für alle beinhaltet. Und es wäre schön, wenn das dem einen oder anderen dabei helfen könnte, die Kinder leichter loszulassen und mit den gegebenen Schwierigkeiten besser umzugehen.

Um das Loslassen der Kinder geht es aber nicht nur, wenn man mitten im Leben steht, sondern auch im Falle des eigenen Ablebens. Vielen Menschen fällt es sehr schwer, die eigenen Kinder (und Enkel!) zurücklassen zu müssen, ohne zu wissen, was aus ihnen wird. Wenn man jedoch davon ausgeht, dass man sie mit großer Wahrscheinlichkeit sowieso wiedersieht, entweder in der geistigen Welt oder in einem späteren Leben auf der Erde, sollte das eigentlich sehr viel leichter fallen.

Auch der Tatsache, dass man selbst von der Erde verschwindet, kann man leichter ins Auge sehen und damit das Verhältnis zu den Kindern entkrampfen. Viele Menschen möchten ja, wenn sie schon sterben müssen, dass wenigstens etwas von ihnen auf der Erde zurückbleibt. Das können entweder ihre Werke sein, die sie hinterlassen, oder eben die Kinder. Mit den Werken, das ist so eine Sache! Nicht jeder hat die Chance, etwas zu hinterlassen - im Geistigen oder im Physischen - das des Aufhebens wert ist. Dann müssen es eben die Kinder sein, in denen man fortleben möchte. In früheren Zeiten ging es außerdem noch häufiger darum, dass die Kinder den Betrieb der Eltern übernehmen sollten, das Werk, das man selbst aufgebaut oder von den eigenen Eltern übernommen hatte, und es kam oft zu großen Tragödien, wenn das aus irgendeinem Grunde nicht klappte.

Davon kann man jetzt die Kinder entlasten. Wenn ich weiß, dass ich noch einmal wiederkomme, brauche ich das alles nicht. Ich habe es nicht nötig, wie Faust begeistert zu sagen: "Es wird die Spur von meinen Erdentagen nicht in Äonen untergehn!" Sie darf ruhig untergehen, ich komme ja wieder! Und vielleicht sogar zusammen mit den Menschen, die jetzt meine Kinder oder meine Enkel sind.

5. Kapitel

Einige Grundsatzfragen

Freier Wille oder Vorherbestimmung?

Wegen der großen Bedeutung dieser Frage wurde schon eingangs darauf eingegangen. Das gesamte hier vorgestellte Konzept steht und fällt schließlich mit dieser Frage. Denn wenn wirklich alles vorherbestimmt wäre, wozu sollte dann die ganze Reinkarnation gut sein? Es ginge dann wirklich nur darum, irgendeine Schuld, die man früher auf sich geladen hat, durch passives Erleiden wieder auszugleichen. Wo bliebe dann die eigene Lern- und Entwicklungschance? Wie soll ich an etwas wachsen, wenn ich keinen eigenen Entscheidungsspielraum habe? Es ginge ja dann wirklich nur darum, einfach "weichgeklopft" zu werden.

In diesem Zusammenhang taucht auch immer wieder das Wort Schicksal auf. Ich benutze den Begriff nicht so gern, weil er eigentlich nicht ganz klar definiert ist. Er suggeriert in jedem Fall, dass etwas vorgegeben ist, vor dem es kein Entrinnen gibt. Man hat es so hinzunehmen, wie es ist, und es hängt nicht vom eigenen Verhalten ab, weder in diesem Leben noch in einem früheren. Dem kann ich natürlich so nicht zustimmen.

Selbstverständlich heißt freier Wille nicht, dass ich einfach tun kann, was ich will. Ich kann nicht den Lauf der Sterne verändern, nur weil mir das gerade so gefällt. So mächtig sind wir Menschen nicht. Freier Wille heißt in unserem Zusammenhang nur, dass ich die Freiheit habe, mich in einer vorgegebenen Situation so oder so zu verhalten, das heißt, ich habe die Freiheit der Wahl. Wichtig ist, wie ich mit dieser Situation umgehe und was ich daraus mache. Dabei ist der Spielraum, zugegeben, manchmal sehr gering.

Auch in der Zeit vor der Inkarnation wird bei der Entscheidung für einen bestimmten Lebensplan, in Abhängigkeit vom Entwicklungsstand des Betroffenen, von geistiger Seite aus ganz schön nachgeholfen. Aber selbst dort wird Wert darauf gelegt, dass man der Entscheidung schließlich zustimmt. Auch auf diesen Punkt wurde an früherer Stelle bereits eingegangen.

Es geht also darum, wie ich mich in einer vorgegebenen Situation verhalte. Wenn ich mich richtig verhalte, das heißt so, dass es meiner eigenen Fortentwicklung dienlich ist (und das schließt in jedem Fall ein, dass ich keinem anderen Menschen einen Schaden damit zufüge), besteht sogar die Möglichkeit, dass der ursprüngliche Lebensplan entsprechend umgeschrieben wird. Die spezielle Situation war unter Umständen als eine Prüfung vorgesehen. Wenn ich diese bestehe, kann es anschließend anders weitergehen, und zwar bereits in diesem Leben. Bei Whitton/Fischer finden sich dafür zwei sehr eindrucksvolle Beispiele:

"In vergangene Inkarnationen zurückgeführt, erlebte Ben Garonzi eine Reihe männlicher und weiblicher Leben, in denen er - wie in einen Teufelskreis hineingezogen - immer wieder diejenigen tötete, die ihn schlecht behandelt hatten. In diesem Leben wurde er wieder in eine schlimme Lage gebracht, in der er in die Versuchung geriet, sich für eine gewalttätige Lösung zu entscheiden. Ben wurde als Kind brutal misshandelt und entwickelte einen so unversöhnlichen Hass gegen seinen Vater, dass er ihn im Alter von 18 Jahren fast getötet hätte. Eines Abends hatte sich der Vater sinnlos betrunken. Ben ging in die Küche, holte ein Tranchiermesser aus einer Schublade und wollte dem Vater damit die Kehle durchschneiden. Aber dann folgte er einer inneren Stimme, besann sich eines Besseren und legte das Messer zurück in die Schublade. Dieser Entschluss wurde zu einem entscheidenden Wendepunkt in Bens Leben ...

Als Ben in den Zustand zwischen Tod und Wiedergeburt versetzt wurde, erfuhr er, dass er durch sein Karma in Umstände verwickelt war, die ihn lehren sollten, extreme Provokationen zu ertragen, ohne gewalttätig zu werden. Er stellte fest, dass er sich für diese schwere Kindheit entschieden hatte, weil er wusste, dass er von einem Vater auf eine schwierige Probe gestellt würde, der in einer Reihe antagonistischer Beziehungen in vergangenen Inkarnationen eine wesentliche Rolle gespielt hatte. Im *bardo* (Begriff aus dem tibetischen Buddhismus, bezeichnet das Zwischenreich beziehungsweise den Zustand zwischen

> Tod und Wiedergeburt; Anmerkung der Verf.) vernahm Ben eine Stimme, die sagte: 'Wenn du diesmal das Richtige tust, wird sich alles zum Besten wenden. Wenn nicht, dann wirst du unter noch schwierigeren Verhältnissen einen Lernprozess durchmachen müssen.'
> Ben begriff sofort, daß er durch die Selbstbeherrschung gegenüber seinem Vater während dieses kritischen Zwischenfalls mit dem Tranchiermesser ein karmisches Hindernis aus dem Weg geräumt und die Prüfung bestanden hatte. Endlich fühlte er sich von der Schuld befreit, die ihn durch viele Leben belastet hatte."
>
> *(Whitton/Fischer 1989, S. 100/101)*

Auch in dem zweiten Fall geht es um einen Sohn, der seinen Vater sehr hasste, ihm aber trotzdem das Leben rettete. Als er bemerkte, dass die Herz-Lungen-Maschine, an der der Vater hing, ihren Dienst versagte, entschied er sich, schnell Hilfe zu holen, statt den Vater einfach sterben zu lassen. Es wird beschrieben, welche Folgen diese Entscheidung für seine weitere Zukunft hatte.

"Einige Jahre später, im Alter von neunundzwanzig Jahren, hatte Steve in einer kleinen Stadt in Oregon einen schweren Fahrradunfall. Er wurde von einem Lastwagen angefahren und hatte das Glück, mit einem gebrochenen Oberschenkel davonzukommen. Erst als Steve mit mehr als vierzig Jahren durch Hypnose in das Überbewußtsein versetzt wurde, erfuhr er, daß zwischen diesen beiden Ereignissen ein Zusammenhang bestand. Diese Ereignisse waren Teil des zwischen Tod und Wiedergeburt entwickelten Plans für seine neue Inkarnation. Er berichtete:

> 'Mein karmisches Drehbuch sagte unmißverständlich aus, daß der Vorfall, bei dem es um das Leben meines Vaters ging, eine sehr wichtige Prüfung war, die ich mir selbst verordnet hatte. Wenn ich ihm seine Verfehlungen vergeben konnte, deren er sich - augenscheinlich über mehrere Inkarnationen - mir gegenüber schuldig gemacht hatte, dann würde ich bei dem Unfall mit dem Fahrrad nicht getötet werden. Nach dem Plan mußte ich damit rechnen, daß ich meinen Vater sterben lassen würde, wenn es mir nicht gelang, meine Haltung ihm gegenüber zu ändern. Aber ich bestand die Prüfung, und nach meinem Unfall entsprach der weitere Verlauf meines Lebens nicht mehr dem vorher entworfenen Plan. Ich wußte jetzt, daß die für künftige Leben konzipierten Pläne nur Entwürfe sein können, die nicht unbedingt befolgt werden müssen.' *(Whitton/Fischer 1989, S. 68/69)*

In einem anderen bei Whitton beschriebenen Fall geht es darum, was passieren kann, wenn man dem vorgesehenen Lebensplan *nicht* entspricht. Die Folgen zeigten sich hier vor allem im nächsten Leben. Für die Klientin Isobel war eigentlich "ein langes Leben als brillante und schöpferische Pianistin" vorgesehen gewesen, aber sie hatte es durch Oberflächlichkeit und Vergnügungssucht verpfuscht, "hatte dem Elend und dem Chaos Tür und Tor geöffnet und jede Chance vertan, ein erfülltes Leben zu führen". (Whitton/Fischer 1989, S. 150)

Nach ihrem Ableben war sie "fast mit Gewalt in die neue Existenz gedrängt worden, um mit den karmischen Rückschlägen der vergeudeten und vorzeitig beendeten Inkarnation Isobels fertig zu werden." (S. 150) Sie hatte jetzt ein extrem schwieriges Leben mit vielen Krankheiten durchzustehen, was sie nicht nötig gehabt hätte, wenn sie damals ihre Chancen nicht so leichtsinnig vertan hätte.

Natürlich lassen sich auch viele andere Gründe denken, warum jemand seinen Lebensplan nicht erfüllt, zum Beispiel Alkohol- oder Drogenmissbrauch. Es werden auch verschiedene Formen von Besetztheit beschrieben, das heißt, dass sich fremde Wesenheiten, die auch Verwandte sein können, in der Aura des Betroffenen einnisten und seine Fähigkeit, eigene sinnvolle Entscheidungen zu treffen, ganz wesentlich beeinträchtigen. In beiden Fällen ist der Betroffene nicht unbeteiligt und ist darum der eigenen Verantwortung nicht enthoben. Man kann ihm nur dringend empfehlen, sich kompetente Hilfe und Unterstützung zu suchen.

In dem Buch *Und ich sah einen neuen Himmel* (1984, S. 34) wird näher darauf eingegangen, was passieren kann, wenn man sich zu weit von seinem Lebensplan entfernt:

> "Wenn ihr nun von euren vorgegebenen Wegen abkommt, so liegt es auf der Hand, daß die Bewußteren unter euch bestimmte subtile Einflüsse auf ihr Leben zu spüren beginnen. Ihr werdet das Gefühl haben, nicht das zu tun, was ihr tun solltet, nicht dort zu leben, wo ihr leben solltet; dieser Einsicht werdet ihr folgen und auf euren Weg zurückkehren. Wenn ihr dies nicht tut, so werdet ihr vielleicht Warnungen von eurer Seele und von euren Führern und Meistern erhalten, die während dieses irdischen Lebens für

euch sorgen, und diese Warnungen mögt ihr beachten. (...) Einige Seelen kehren niemals zu ihrem eigentlichen Weg zurück; sie haben sich so weit von ihrem vorgegebenen Pfad entfernt, daß sie ihn in ihrer jetzigen Lebensspanne nicht wieder aufnehmen können. Wenn dies der Fall ist, so beschließt die Seele, in Absprache mit den höheren Meistern, daß es nichts mehr zu lernen gibt, und vollzieht dann den Übergang des Todes in einen anderen Körper und zu einer anderen Bestimmung, damit sie sich auf eine weitere Inkarnation vorbereiten kann. Diese Seele verliert nichts, denn wenn sie sich von ihrem schicksalhaft vorgegebenen Weg entfernt hat, übt die Erfahrung vom Übergang des Todes einen sehr starken Einfluß auf sie aus. Es bedarf vieler Inkarnationen, damit diese Erfahrung wieder ausgeglichen werden kann."

Hier ist also tatsächlich die Rede davon, dass, wenn die Fortführung dieses Lebens keinen Sinn mehr hat, weil es doch nichts mehr bringt, die Erfahrung des Todes einen noch am ehesten weiterhelfen kann.

Gibt es irgendein Kriterium, an dem wir festmachen können, ob wir unserem Lebensplan einigermaßen treu sind oder nicht? Bei Whitton/Fischer heißt es, die Antwort müsse aus unserem Innern kommen:

"Wer sein Leben so einrichtet, wie es sein karmisches Drehbuch verlangt, oder sogar über die dort ausgesprochenen Erwartungen hinausgeht, hat das sichere Gefühl, daß sich sein Leben so entwickelt, wie es das sollte. Wer von seinem Entwurf abweicht, hat

> dagegen die Empfindung, daß alles außer Kontrolle geraten ist. Das Leben wird zum Chaos. Wie ein Schauspieler, der seinen Text vergessen hat, wenn er die Bühne betritt, sieht er sich gezwungen, zu improvisieren, während die Handlung, in deren Rahmen er seine Rolle zu spielen hat, weitergeht."
>
> *(Whitton/Fischer 1989, S. 71)*

Ich selbst bin schon ein paar Mal auf Menschen gestoßen, bei denen ich den Eindruck hatte, dass sie so leben, wie es ihrem Lebensplan entspricht: Sie sind ganz offensichtlich mit sich im Reinen, selbst wenn einem Außenstehenden ihr Leben ziemlich schwierig erscheinen mag. Sie sind gelassenen Mutes und tun einfach, was getan werden muss. Alles ist in Ordnung, wie es ist.

Kann es bei der Lebensplanung auch Pannen geben?

Diese Frage ist leicht zu beantworten. Ja, es kann zu Pannen oder auch zu sogenannten Irrläufern kommen. Am leichtesten ist das sicher zu akzeptieren, wenn es um Probleme bei der Umsetzung des Planes geht. Es sind ja immer Menschen daran beteiligt, und wenn diese doch über den freien Willen verfügen, haben sie durchaus die Möglichkeit, sich anders zu verhalten als ursprünglich vorgesehen, wenn das ihren gegenwärtigen Vorstellungen besser entspricht. So etwas kann bereits geschehen, während das Baby noch im Mutterleib ist. Um ein Beispiel zu nennen:

Der Plan sieht vor, dass jemand als Kind eines bestimmten Elternpaares geboren werden und aufwachsen soll. Während das Kind unterwegs ist, nimmt sich jedoch der Vater das Leben. Vielleicht wäre der Plan unter diesen Umständen gar nicht zustande gekommen. Aber das Kind ist nun einmal unterwegs und kommt in eine Welt, die nicht so ist wie die geplante.

Noch eher lassen sich Situationen vorstellen, in denen die betroffene Seele selbst aktiv beteiligt ist. Vielleicht hat sie die bis dahin vorgesehenen Lektionen nicht richtig gelernt (oder lernen können), so dass eine Aufgabe, vor die sie in der Folgezeit gestellt wird, gar nicht mehr so recht passend ist.

Aber auch alle anderen an der Situation beteiligten Personen können sich anders verhalten als eigentlich vorgesehen, sie können sich irren oder einfach Fehler machen. Und je mehr Personen am Zustandekommen einer bestimmten Situation beteiligt sind, desto größer wird die Wahrscheinlichkeit von Pannen. Auf die entsetzlichen Folgen, die solche Fehler unter Umständen haben können, und auf die Tatsache, dass es besonders schwerfällt zu akzeptieren, dass die geistige Welt so etwas zulässt, wurde schon im Zusammenhang mit den behinderten Kindern näher eingegangen.

Viel schwieriger ist sicher die Frage, ob bereits bei der Erstellung des Plans selbst, also in der geistigen Welt, Fehler unterlaufen sein könnten. Zum Beispiel könnte man dem zu Inkarnierenden ein zu großes Mitspracherecht eingeräumt haben, was sich dann im Nachhinein als ein Fehler herausstellt. Je weiter die Betreuer selbst in ihrer Entwicklung aufgestiegen sind, desto geringer wird sicher die Wahrscheinlichkeit, dass sie zu Fehleinschätzungen kommen. Doch absolute Vollkommenheit und Unfehlbarkeit kann meiner Meinung nach nur Gott persönlich für sich in Anspruch nehmen.

Natürlich ist die Vorstellung, dass es bereits bei der Planung zu Pannen oder Irrläufern kommen kann, besonders schwer zu akzeptieren. Das Tröstlichste ist noch das Wissen, dass unser jetziges Leben ja nicht die einzige Chance darstellt. Sollte diesmal wirklich etwas schiefgelaufen sein, dann könnte es ja im nächsten Leben ausgeglichen werden, zum Beispiel durch ganz besondere Glücksumstände. Ich bin mir sicher, dass uns im Ganzen nicht mehr zugemutet wird als unbedingt erforderlich.

Geht es auch ohne Lebensplan?

Der Lebensplan stellt, obwohl er einem ja üblicherweise nicht bewusst ist, so etwas wie das Rollenbuch dar, an das man sich halten kann. Selbst wenn in ihm ein schwieriges Leben vorgesehen ist, so hat man dem doch zugestimmt, und die Seele wusste von vornherein, was auf sie zukommt. Außerdem hat der "weise Rat" schon dafür gesorgt, dass man sich selbst nicht zu viel zumutet. Darauf wurde bereits an früherer Stelle hingewiesen. Dennoch kommt es gelegentlich vor, dass jemand meint, auch ohne einen solchen Plan auszukommen. Bei Whitton/Fischer heißt es dazu:

> "Zwar hat die Seele die Freiheit, die Empfehlungen ihrer Richter für die Planung des künftigen Lebens zurückzuweisen, aber das kann unangenehme Folgen haben. Die Zurückweisung solcher Empfehlungen führt dazu, daß die Reinkarnation ohne einen Plan stattfindet, über den man sich geeinigt hat, und die

> Folge kann ein unproduktives Leben sein, in dem es zu unnötigen Prüfungen und Schwierigkeiten kommt. Ohne einen Plan wiedergeboren zu werden, liegt auch in der Entscheidung des einzelnen. Das Schlimme ist, daß die Seele, die über kein Drehbuch verfügt, dem sie folgen könnte, zu einem Rohr im Winde wird, zum Opfer und nicht zur Gestalterin ihres Schicksals. Wenn man dem Rat der drei nicht folgen will, wird man dafür zwar nicht bestraft, wird aber wahrscheinlich nach einem vergeudeten Leben tiefe Reue empfinden." *(Whitton/Fischer 1989, S. 72)*

Die Frage ist, wie es dazu kommen kann. Offenbar gibt es Seelen, die meinen, es besser zu wissen als der Rat, und die zu selbstbewusst oder auch zu ungeduldig sind, um sich auf dessen Empfehlungen einzulassen. Wenn man ihnen die Entscheidung tatsächlich überlässt, haben sie die Folgen selbst zu tragen. Das Recht, sich über ein zu hartes Schicksal zu beklagen, haben sie verwirkt.

Wie schwierig ein solches Leben werden kann, wird deutlich, wenn man sich klar macht, was in dem Lebensplan alles festgelegt ist. Die wichtigsten Punkte sind ja wohl - neben der Entscheidung für bestimmte Eltern - der (oder die) Lebenspartner einschließlich der zukünftigen Kinder sowie die Berufswahl. Damit sich die beiden letzten Punkte auf eine sinnvolle Weise entwickeln können, wird eine Vielzahl von Voraussetzungen minutiös geplant. Wenn diese Voraussetzungen nicht gegeben sind, darf man sich nicht wundern, wenn in beiden Bereichen das absolute Chaos herrscht.

Die Folge ist dann unter Umständen eine lebenslange, verzweifelte Anstrengung des Betroffenen, doch noch so etwas wie eine Linie oder ein Konzept in sein Leben zu bringen, und je stärker seine diesbezüglichen Bemühungen sind, desto größer ist wahrscheinlich auch die Verzweiflung. Oft erscheint dann Selbstmord als einziger Ausweg, um die Qualen eines Lebens zu beenden, das zu nichts gut ist, da kein Sinn dahintersteckt und es obendrein keinen Spaß macht.

Man könnte sich fragen, welche Bedingungen erfüllt sein müssen, damit es nicht zu solch einer Verzweiflungstat kommt. Zum einen unterscheiden sich Menschen sicher hinsichtlich ihrer Belastbarkeit oder auch Vitalkraft. Manche Menschen halten einfach mehr aus als andere. Zum anderen könnte es wichtig sein, dass derjenige über genügend eigene Ressourcen, vielleicht auch Fähigkeiten oder Begabungen verfügt, die ihm immer wieder die Chance geben, neue Möglichkeiten des Überlebens auszuprobieren.

Am wichtigsten scheint jedoch die Frage zu sein, ob seine Geistführer, die ihn ja auch in einem solchen Leben begleiten, die Chance haben, ihn zu erreichen und zu ihm durchzudringen. Ihnen kann es durchaus gelingen, einen Selbstmord immer wieder zu verhindern. Im günstigsten Fall könnte es sogar dazu kommen, dass es mit ihrer Hilfe auf der Grundlage der vorhandenen Möglichkeiten gelingt, noch im Verlaufe des gegenwärtigen Lebens nachträglich so etwas wie einen Lebensplan zu entwickeln, so dass der Rest des Lebens in halbwegs geordneten Bahnen verlaufen kann. Aber das scheint wohl eher eine Ausnahme zu sein.

Warum wissen wir nichts über unsere Vorgeschichte?

Dass die meisten Menschen nichts über ihre Vorleben und erst recht nichts über den Plan für das jetzige Leben wissen, ist offensichtlich. Angeblich hat das den Sinn, dass man auf diese Weise gezwungen ist, sich völlig neu und unbelastet an die Bearbeitung einer Schwierigkeit zu machen und zu einer eigenständigen Lösung zu finden, ohne durch das Wissen über frühere Geschehnisse beeinflusst zu sein. Kardec sagt dazu: "Wo bliebe das Verdienst, wenn er sich der ganzen Vergangenheit erinnerte?" (Kardec 2005, S. 153)

Taschner (o. J., S. 30) vertritt die Meinung, dass man generell keine Rückführungen in frühere Leben machen sollte, "weil es das natürliche und notwendige Vergessen stört". Die Konfrontation mit früheren negativen Erlebnissen oder Taten könnte "wie ein ungeheures Trauma" wirken. Letzteres ist leider nicht auszuschließen, wie aus den verschiedensten Rückführungsprotokollen deutlich wird. Es kommt während der Sitzungen zu teilweise sehr heftigen Erschütterungen, und es bedarf einer kompetenten und höchst verantwortungsvollen therapeutischen Begleitung, um erneute seelische Verletzungen des Patienten zu vermeiden.

Andererseits gibt es Belege dafür, wie hilfreich Rückführungen in frühere Leben oder in die Zeit vor der jetzigen Inkarnation für die weitere Entwicklung des Klienten sein können. Hier ein Beispiel von Whitton/Fischer:

> "Ein jüdischer Arzt, der heute im Ruhestand lebt, erfuhr bei der Rückführung in frühere Leben, daß er in diesem Leben sein Verhalten in vergangenen Inkarnationen wiedergutmachen mußte, besonders seine gegen die Juden begangenen Grausamkeiten als römischer Legionär in der von Revolten heimgesuchten Provinz Judäa einige Zeit nach dem Tode Christi. Dr. Simon Ezra konnte sich lebhaft daran erinnern, wie er, auf seinem Pferd sitzend, halb im Sand eingegrabene Juden mit den Pferdehufen zertrampeln ließ. Sein Karma verlangte von ihm, daß er in diesem Leben menschliche Körper heilte und selbst erfuhr, was es bedeutete, verfolgt zu werden. Am Beginn seiner beruflichen Laufbahn und sehr bald nach seiner ersten Scheidung wurde es ihm als Juden unmöglich gemacht, an den großen Universitätskrankenhäusern in Toronto zu praktizieren. Vor seiner Behandlung unter Hypnose litt Dr. Ezra an Anfällen von Jähzorn, terrorisierte die Krankenschwestern und warf gelegentlich sogar mit

chirurgischen Instrumenten nach ihnen. Seine Aggressivität ließ merklich nach, nachdem er die Gründe dafür erfahren hatte, daß er als Jude wiedergeboren war und den Arztberuf ergriffen hatte."

(Whitton/Fischer 1989, S. 102)

Ein anderer Patient von Whitton erfuhr bei der Rückführung in die Zeit vor seiner jetzigen Inkarnation, warum es unter anderem zur Entscheidung für seine jetzigen Eltern gekommen war, und dass er nicht nachlassen dürfe, "bis er die Ursachen seiner Schwierigkeiten erkannt und seine Probleme gelöst habe". Durch seine intensive Rückführungsarbeit gelang es ihm, "mehrere Leben in einer Inkarnation durchzumachen (...) So war er in einer Inkarnation zu Ergebnissen gekommen, die zu erreichen normalerweise mehrere Leben erforderte." *(Whitton/Fischer 1989, S. 133)*

Dass man im Laufe eines Erdenlebens auch ohne ein solches Wissen sehr große Fortschritte machen kann, die unter diesen Bedingungen vielleicht sogar als besonders verdienstvoll anzusehen sind, wurde bei den in einem früheren Kapitel angeführten Beispielen deutlich, in denen es um die beiden Söhne ging, die sich am Tod ihres Vaters nicht schuldig gemacht haben und die nichts darüber wussten, dass ihnen diese Prüfung bewusst vorgelegt worden war. Sigdell (2008) vertritt die Meinung, dass das unbewusste Ich sowieso von seinem Lebensplan weiß.

Es gibt aber auch viele Fälle, bei denen bereits der gesunde Menschenverstand genügt, um zu sehen, wie es das Zusammenleben mit anderen und erst recht eine Aussöhnung erleichtern könnte, wenn man etwas darüber wüsste, warum derjenige sein jetziges Verhalten an den Tag legt. Das fiel mir besonders bei der Beschreibung von Whittons Fall Jenny auf. Diese Patientin hatte viele sehr schwerwiegende Probleme. Und natürlich ist es nicht leicht, an der Auflösung solcher Probleme zu arbeiten, wenn man nicht weiß, woher sie kommen. Bei einer Rückführung in die Zeit ihrer Kindheit des jetzigen Lebens erfuhr sie, welche furchtbaren Grausamkeiten sie als Kind von ihrer Mutter erfahren hatte, die sie bis dahin erfolgreich verdrängt hatte:

> "Als Erwachsene empfand Jenny für ihre Mutter nur Furcht und Haß. Es war ihr nicht gelungen, auch ihre Gefühle zu unterdrücken. Und doch war sie zutiefst erschüttert, als sie feststellen mußte, daß diese Frau sie nicht nur vernachlässigt hatte, sondern die Geißel ihrer Entwicklungsjahre gewesen war. In der Trance erfuhr Jenny, daß ihre Mutter sie von ihrem fünften Lebensjahr an ungezählte Male mit Stöcken und Besenstielen vergewaltigt hatte. Sie erinnerte sich jetzt auch, daß zwei Narben in der Schamgegend, über deren Entstehung sie sich bisher im unklaren gewesen war, ihr von ihrer Mutter mit einer Schere beigebracht worden waren. Mit Entsetzen hörte sie wieder die Worte: 'Ich werde dich so zurichten, daß dich kein Mann jemals wird haben wollen.'"
>
> *(Whitton/Fischer 1989, S. 210/211)*

Eine solch ungeheuerliche Geschichte mag man ja fast nicht glauben, und sie zu verdrängen, war wahrscheinlich für die Patientin zunächst einmal die beste Möglichkeit, überhaupt damit umzugehen. Aber wie soll es ihr jemals gelingen, in diesem Leben auch nur einigermaßen mit ihrer Mutter klarzukommen, wenn sie nicht wenigstens etwas darüber weiß, was die Vorgeschichte der Mutter war und was sie dazu gebracht hat, sie auf so unerhörte Weise zu traktieren?

Nun kann man solche Informationen natürlich nicht nur durch Rückführungen erhalten, sondern auch durch mediale Kontakte mit der geistigen Welt, die auch über ein Medium geschehen können, das auf einer entsprechend hohen Entwicklungsstufe steht. Auf die Tatsache, dass es dabei auch zu Täuschungen, vor allem Selbsttäuschungen, kommen kann, bin ich bereits an früherer Stelle eingegangen, und es ist darum immer sinnvoll, solchen Durchgaben mit Vorsicht zu begegnen. Trotzdem stellen sie, neben den Rückführungen, eine weitere Möglichkeit dar, etwas zu erfahren, das bei der eigenen Entwicklung hilfreich sein kann.

Ich persönlich fände es jedenfalls sehr viel besser, wenn wenigstens denjenigen, die sich ernsthaft um ihre Weiterentwicklung bemühen, leichter ein Zugang zu solchen Informationen ermöglicht würde, und es sieht ja auch so aus, als ob das im Zuge der Höherentwicklung der Menschheit insgesamt auch in zunehmendem Maße geschieht. In Bezug auf mein eigenes Leben kann ich nur sagen, dass die Information darüber, warum ich mich in diese Familie inkarniert habe, die ich mithilfe eines Mediums von meinen Geistführern erhalten habe, das Wichtigste war, was ich überhaupt jemals in meinem Leben erfahren habe. Auch nach jahrelangen beziehungsweise jahrzehntelangen psychotherapeutischen Bemühungen war es dasjenige, was mich am weitesten gebracht hat und was als Einziges geeignet war, mein Leben, wenigstens nachträglich, in Ordnung zu bringen.

Die Schuldfrage

Viele Menschen reagieren ausgesprochen allergisch auf das Thema Schuld. Dabei ist der Satz “Ich lasse mir keine Schuldgefühle machen” noch ausgesprochen harmlos, und er hat durchaus seine Berechtigung. Dem anderen Schuldgefühle einzureden als Erziehungs- und Disziplinierungsmaßnahme, ist ausgesprochen unfair, auch wenn vor allem Mütter gelegentlich ganz gern davon Gebrauch machen: “Ich darf mich nicht aufregen, das hat auch der Arzt gesagt. Du bist schuld, wenn ich einen Herzinfarkt kriege.” Oder auch: “Das wird dir noch leidtun, wenn ich einmal nicht mehr bin.” Sich dagegen zu wehren, ist zwar nicht leicht, aber unbedingt erforderlich.

Nun gibt es aber daneben noch so etwas wie tatsächliche Schuld. Auch davon wollen viele Menschen absolut nichts hören. Vielleicht ist diese Empfindlichkeit mit ein Relikt der Lehren der katholischen Kirche, die den Menschen jahrhundertelang eingeredet hat, dass sie sündig seien und ohne die Erlösungstat Christi auf jeden Fall in die Hölle kämen. Es ist ja bekannt, dass auch Martin Luther sich als zutiefst sündhaften Menschen empfand und sehr darunter litt. Nach meinen Informationen war er aber damit in der damaligen Zeit keineswegs besonders allein und teilte diese Vorstellungen mit den meisten Menschen seiner Zeit. Auch wenn die Kirche jetzt nicht mehr zu solchen Indoktrinationen greift, die Auflehnung dagegen sitzt offenbar noch tief. Anders kann ich es mir nicht erklären, warum auch intelligente und spirituell aufgeschlossene Menschen so außer sich geraten, wenn von Schuld auch nur die Rede ist.

Mir selbst fällt es nicht besonders schwer, mit der Tatsache umzugehen, dass noch immer diese oder jene Schuld auf mir lastet. Wenn es nicht etwas gäbe, was noch ausgebügelt gehört, wäre ich nicht hier auf der Erde, sondern ich hätte woanders meine Aufgaben. Ich gebe mir zwar große Mühe, dass nichts Neues mehr dazukommt, aber ich ertappe mich doch fast täglich dabei, dass ich etwas denke, fühle, sage oder tue, was so nicht ganz in Ordnung ist. Es ist ein langer Weg, bis ich wirklich so weit bin, dass es nichts mehr an mir auszusetzen gibt. Zu den Wesen, die nur noch auf die Erde kommen, um anderen zu helfen oder sie zu unterrichten, gehöre ich ganz sicher nicht.

Wenn es nun um die Beziehungen zwischen Kindern und Eltern geht, betrifft das Thema Schuld, jedenfalls solange die Kinder klein sind, naturgemäß in erster Linie die Eltern. Die Machtverhältnisse sind einfach zu ungleichmäßig verteilt. Viele Jahre lang sind die Kinder von ihnen abhängig und werden durch ihren Einfluss geprägt. Dabei haben die Eltern reichlich Gelegenheit, Fehler zu machen, das heißt, Schuld auf sich zu laden. Um es ganz deutlich zu sagen: Ich halte es nicht für möglich, Kinder großzuziehen, ohne dabei auch dieses oder jenes falsch zu machen. Das war es auch, was ich in verschiedenen Therapien jungen Müttern immer wieder zu ihrer Beruhigung gesagt habe, wenn sie sich bittere Vorwürfe machten, weil sie fanden, dass sie bei der Erziehung ihrer Kinder Fehler gemacht hatten.

Nun geht es ja manchmal nicht nur um die relativ geringfügigen Fehler, die einem bei der Kindererziehung unterlaufen können. In diesem Buch gibt es viele Beispiele von Eltern, die wirklich grausam zu ihren Kindern waren, entweder in diesem oder in früheren Leben. Liegt die Schuld wirklich bei ihnen und bei ihnen allein? Wenn sich zwei Kinder streiten, und es geht um die Frage, wer Schuld hat, heißt es meistens: der, der angefangen hat. Das ist schon bei einem Streit zwischen Kindern oft nicht leicht festzustellen, geschweige denn, wenn es um Eltern und Kinder geht. Was bringt eine Mutter dazu, ihre Tochter sexuell zu misshandeln? Was hat man ihr früher angetan? War es vielleicht sogar die Tochter selbst? Und wenn ja, was hat diese für eine Vorgeschichte erlebt? So könnte man immer weiter zurückgehen in die Vergangenheit, bis sie sich im Unendlichen verliert. Es ist völlig müßig, da weiterzubohren, und letzten Endes ist es überhaupt müßig, die Frage nach der ursprünglichen Schuld zu stellen. Wichtiger wäre vielmehr die Frage, wer als Erster bereit ist, mit der notwendigen Versöhnungsarbeit anzufangen.

Von besonderer Brisanz ist die Schuldfrage, wenn es um das Thema Selbstmord geht. Fast immer, wenn jemand aus der Familie Selbstmord begeht, stellen sich die Angehörigen die Frage, ob sie es nicht hätten verhindern können und ob sie nicht sogar schuld daran sind. Das ist so bei Ehepartnern, aber sicher noch viel mehr, wenn es die eigenen Kinder sind, gleich welchen Alters. Gelegentlich kann es sich aber auch um die Eltern handeln, vor allem, wenn diese alt und krank sind und keinen Sinn mehr in ihrem Leben sehen.

Ich denke, dass jeder, der einen Angehörigen auf diese Weise verliert, gut daran tut, sich mit der Möglichkeit des eigenen Versagens auseinanderzusetzen. Aber, da ich vom freien Willen und von der ständigen Unterstützung durch die geistige Welt für jeden Menschen ausgehe, bin ich der Meinung, dass die Verantwortung für einen Selbstmord - vorausgesetzt er geschieht nicht im Rahmen eines Krankheitsgeschehens oder in ganz besonderen Extremsituationen - letztendlich immer bei dem Betroffenen selbst liegt. Für ihn wird sich, wenn er einmal in der geistigen Welt angekommen ist, die Frage stellen, ob es eine gute Entscheidung war. Immerhin stellt sie eine Eigenmächtigkeit dar, mit der er sich gegen den für ihn vorgegebenen Lebensplan gestellt hat. Er hat eine Aufgabe, die er sich selbst vorgenommen hatte, nicht bewältigt. Ich würde in diesem Fall allerdings nicht so gern von Schuld sprechen, sondern von Versagen und auch von Dummheit, denn er wird das Problem, an dem er jetzt gescheitert ist, in einem späteren Leben aufs Neue vorgesetzt bekommen, vielleicht sogar unter erschwerten Bedingungen.

Um die Schuldfrage geht es auch, wenn der Tod eines Kindes durch jemand anderen verursacht wurde, beispielsweise durch einen Gewaltverbrecher. In einem solchen Fall ist es für alle offensichtlich, wer der Schuldige ist. Dann kann man es immer wieder erleben, dass fast die gesamte Zeitung lesende Nation nach Vergeltung schreit, und besonders die Eltern sind oft unzufrieden, wenn das Strafmaß ihrer Meinung nach nicht hoch genug ausgefallen ist. Gibt es hier vielleicht für die Eltern noch irgendetwas zu lernen?

Am häufigsten geschieht Tod durch Gewalteinwirkung natürlich im Falle eines Krieges. In einem großen Krieg wie dem Zweiten Weltkrieg musste man mit ansehen, wie fast ganze Jahrgänge junger Männer ausgelöscht wurden. Wie muss das für die Eltern und speziell für die Mütter gewesen sein? Es bleibt schließlich Tod durch Gewalteinwirkung, und irgendjemand muss doch Schuld daran haben! Ich hoffe auf den Tag, an dem die Menschheit gelernt hat, dass Krieg ein zur Lösung von Konflikten ungeeignetes Mittel ist, da er mehr Probleme schafft als löst, und zu besseren Formen der Auseinandersetzung übergeht. Aber bis dahin: Wer hat Schuld? In diesem Zusammenhang taucht auch das Wort Völkerkarma auf. Ich selbst bin zu feige, um mich mit diesem Problem näher auseinanderzusetzen und lasse es einfach so stehen. Mir ist nur das eine klar: Wir haben offenbar noch sehr viel zu lernen auf dieser Welt!

Vielleicht sollten wir auch aufhören, von den "unschuldigen Kindern" zu sprechen. Gut, sie hatten in diesem Leben noch nicht so recht Gelegenheit, Böses zu tun, aber abgesehen davon tragen sie ihr Päckchen mit in dieses Leben wie jeder andere Mensch. Sie sind also nicht besser oder schlechter als die Eltern. Ich denke, wenn wir davon ausgehen, dass wir uns alle irgendwo auf dem mühseligen Weg der Läuterung befinden, müsste es uns eigentlich leichter fallen, zu verzeihen und in dem anderen eher den Bruder oder die Schwester zu sehen, der oder die eventuell Hilfe gebrauchen könnte. Und das ist völlig unabhängig vom Verwandtschaftsgrad.

Gnade oder Eigenleistung?

Viele Menschen, die fest in christlichen Glaubensvorstellungen verankert sind, werfen vor allem den östlichen Religionen vor, dass man dort auf dem Weg zur eigenen Erlösung auf sich allein gestellt sei. Das bezieht sich ja wohl hauptsächlich auf den Buddhismus, bei dem es in der ursprünglichen Form tatsächlich keinen Gott gibt, der einem helfen könnte. Das hat aber nichts mit der Reinkarnationslehre als solcher zu tun, die ja unabhängig von irgendeiner Religion existiert.

Nun sollte man jedoch klar unterscheiden, um welche Art von Schuld es sich handelt. Im Rahmen der christlichen Lehre gibt es die sehr ernst zu nehmende Vorstellung von dem sogenannten "Engelsturz": Eine große Gruppe von Wesenheiten hat die von Gott gewährte Freiheit dazu benutzt, sich von ihm abzuwenden und eigene Wege zu gehen, wodurch es erst zum Fall in die Materie kam. Um aus dieser Absonderung endgültig zu Gott zurückkehren zu können, bedarf es der Erlösungstat Christi, die uns von dieser Sünde befreit.

Daneben gibt es aber die Schuld, die wir im Verlaufe unserer Erdenleben durch unser Verhalten anderen Menschen gegenüber angesammelt haben. Nur um diese Art von Schuld geht es in der Reinkarnationslehre. Zu der Frage, ob der Mensch an sich gut oder böse ist, nimmt sie, so weit ich weiß, nicht Stellung. Der Mensch hat für das, was er an Unrecht begangen hat, einen Ausgleich zu schaffen, und dazu benötigt er in der Regel eine ganze Reihe von Erdenleben.

Ich habe den Eindruck, dass viele Menschen bei uns diese Unterscheidung nicht machen. So heißt es in dem bekannten Kindergebet: "Hab' ich Unrecht heut' getan, sieh es, lieber Gott, nicht an. Deine Gnad' und Jesu Blut machen allen Schaden gut." Ich selbst singe in einem ökumenischen Kirchenchor. Dort werden ständig Texte gesungen, in denen es darum geht, dass Christus uns durch seinen Tod von unseren Sünden erlöst hat. Das gilt als so selbstverständlich, dass die meisten wohl über diesen Punkt überhaupt nicht weiter nachdenken. Kürzlich sagte tatsächlich eine Bekannte von mir, nachdem sie zu ihrer alten Mutter, die sie bei sich aufgenommen hatte, nicht besonders nett gewesen war: "Das ist nicht so schlimm. Ich bin ja bereits erlöst durch Christus!"

Dagegen lautet meine eigene Position ganz klar: Ich muss mich um meine Läuterung auch selbst bemühen und jedes Unrecht, das ich anderen Menschen gegenüber irgendwann in irgendeiner Form begangen habe, wieder ausgleichen, wenn ich jemals so weit kommen will, dass ich eine größere Nähe zu Gott überhaupt ertragen kann. Dabei bin ich jedoch von Gottes reicher Gnade umgeben, die mir jede nur erdenkliche Hilfe zuteilwerden lässt.

Diese zeigt sich allein schon in der Tatsache, dass ich immer wieder neu geboren werde und dadurch die Chance erhalte, mich stets aufs Neue mit den gleichen Problemen auseinanderzusetzen - so lange, bis ich sie schließlich aufgelöst habe. Was muss Gott für einen langen Atem haben, um eine solche Möglichkeit über Jahrtausende hinweg in immer neuen Variationen bereitzustellen!

Die Gnade oder auch die Liebe Gottes zeigen sich außerdem in der ungeheuren Sorgfalt, die auf die Vorbereitungen für eine neue Inkarnation verwendet wird sowie auf die Nachbereitungen nach Abschluss des Erdenlebens. Das wurde im Verlauf dieses Buches immer wieder aufgezeigt.

Und schließlich darf nicht vergessen werden, dass wir auch während unseres Aufenthaltes hier auf der Erde jede nur denkbare Hilfe aus der geistigen Welt erhalten durch eine Vielzahl von Betreuern, die uns auf Geheiß Gottes Schutz und Führung zuteilwerden lassen und uns unter Umständen dabei helfen, "das Rechte" zu tun. Im günstigsten Fall hören wir sogar auf sie, ohne es zu merken.

Das alles zeugt für mich von der großen Güte und Gnade Gottes. Und ich wäre niemals so größenwahnsinnig, mir einzubilden, ich könnte das alles ganz allein ohne die Gnade Gottes schaffen! Ich würde sogar so weit gehen zu sagen: Je weiter ich in meiner Entwicklung vorangekommen bin, desto schwieriger werden vielleicht die Aufgaben, die ich zu bewältigen habe, desto größer ist aber auch die Hilfe, die ich aus der geistigen Welt erhalte.

Reinkarnationslehre – eine Frage des Glaubens?

Zum Schluss soll es noch einmal um die Frage gehen, ob es bei der Reinkarnationslehre nur um eine Glaubensvorstellung geht oder ob sie ein Stück Realität widerspiegelt, das man zur Kenntnis nehmen kann oder nicht. Ich denke, dass meine eigene Position in dieser Frage im Verlauf dieses Buches deutlich geworden ist. Für mich gibt es in dieser Sache keinen Zweifel, und ich hoffe, dass die große Selbstverständlichkeit, mit der ich damit umgegangen bin, mit dazu beitragen möge, diese Vorstellung auch bei anderen zu festigen.

Ich denke, es ist auch deutlich geworden, welche hohe Bedeutung ich dem Leben in der geistigen Welt und speziell der Vorbereitung auf die jeweils neue Inkarnation beimesse. Im Grunde ist mir das Vorhandensein dieser geistigen Welt wichtiger als die Tatsache, dass wir uns von dort aus immer wieder in das irdische Leben aufmachen. Schließlich ist es das Ziel der vielen Reinkarnationen, diese irgendwann einmal überflüssig zu machen. Das Leben jenseits unserer irdischen Existenz ist das wichtigere, dort ist unsere eigentliche geistige Heimat.

Natürlich kann man sich auch die Frage stellen, welche Positionen die verschiedenen Religionen in Bezug auf die Reinkarnationslehre vertreten. Es gibt ja etliche Religionen, die ihr nahestehen. Muss ich mich aber wirklich mit der Frage auseinandersetzen, ob eine von ihnen vielleicht im Besitz der Wahrheit ist und andere es nicht sind? Stellen nicht alle Religionen nur einen - durchaus ehrenvollen - Versuch dar, sich dem Göttlichen zu nähern mit den Möglichkeiten, die uns hierzu zur Verfügung stehen?

Wenn ich davon ausgehe, dass das Fortleben in der geistigen Welt eine Realität ist und schier unendliche Entwicklungsmöglichkeiten für uns bereithält, dann verliert die Zugehörigkeit zu einer bestimmten Religionsgemeinschaft hier auf der Erde zunehmend an Bedeutung. Innerhalb der geistigen Welt habe ich noch einen langen, langen Weg vor mir, der mich näher zu Gott führen soll. Und alles, was ich meine, unbedingt wissen zu müssen, werde ich erfahren. Ich werde dann nicht mehr darauf angewiesen sein, etwas glauben zu müssen, sondern ich werde wissen.

Literatur

Bellinger, Gerhard J.: *Knaurs Großer Religionsführer.* Droemer Knaur 1986.

Browne, Sylvia: *Jenseitsleben. Berichte eines Mediums aus der geistigen Welt.* Goldmann, 2002.

Kommentar: *Sylvia Browne ist ein in Amerika sehr bekanntes Medium. Sie war bereits als Kind hellsichtig. In diesem Buch berichtet sie über ihre eigene Entwicklung und die vielen Einblicke in die geistige Welt, die sie im Laufe sehr vieler Rückführungssitzungen mit Klienten gewonnen hat, die ihr auch über ihre Astralreisen berichteten. Sie hat ebenfalls eigene Erfahrungen mit Astralreisen gemacht. Außerdem erhält sie auf ihre Fragen ständig Informationen von ihrer Geistführerin Francine, die ihr ihre Antworten "ins Ohr piepst".*

Cerminara, Gina: *Erregende Zeugnisse von Karma und Wiedergeburt.* Knaur, 1. Auflage o. J. (engl. Originalausgabe 1950). Ist inzwischen 2005 unter dem Titel *Edgar Cayce. Erregende Zeugnisse von Karma und Wiedergeburt* bei Schirner erschienen.

Kommentar: *Cerminara hat sich ausführlich mit dem Werk von Edgar Cayce beschäftigt. In diesem Buch hat sie, nach einer sehr lebendigen Beschreibung seiner Lebensgeschichte, Aussagen*

zusammengestellt und diskutiert, bei denen es um das Thema Reinkarnation geht.
Cayce ist sicher eines der überzeugendsten Medien der letzten Jahrhunderte. Über Jahre hinweg hat er, nachdem er sich selbst in Trance versetzt hat, Fragen beantwortet, die ihm in diesem Zustand gestellt wurden. Sie bezogen sich nicht nur auf medizinische und andere persönliche Lebensfragen, sondern auch auf Themen von allgemeinem Interesse wie "Ausblicke in die Zukunft" und so weiter. Insgesamt liegen viele Tausende solcher "readings" vor, die alle schriftlich dokumentiert und der Allgemeinheit zugänglich sind.

Cooper, Diana: *Die Engel antworten. Himmlische Hilfe für die wichtigsten Lebensfragen.* Ansata 2007 (engl. Originalausgabe 1988).
Kommentar: *Cooper hat Kontakt mit Engeln, die ihr auch den Auftrag erteilten, die von ihnen erhaltenen Informationen zu veröffentlichen. In diesem Buch hat sie, nach insgesamt 62 Themen geordnet, viele verschiedene Fragen zusammengestellt, die sie aufgrund dieser Informationen beantwortet. Im Zusammenhang mit dem vorliegenden Buch interessieren vor allem die Fragen zu Kindern, Sterben und Tod sowie Familie.*

Coudris, Manuel David: *Ich kann sprechen. Die erstaunlichen Botschaften eines Ungeborenen, aufgezeichnet von seinen Eltern.* Goldmann 1992.
Kommentar: *Die medial begabte Mutter gibt den Dialog mit der Seele ihres noch ungeborenen Kindes wieder, der erst kurz vor der Geburt abbricht.*

Dethlefson, Thorwald: *Das Erlebnis der Wiedergeburt. Heilung durch Reinkarnation.* Goldmann 1984.
Kommentar: *In diesem erstmals 1976 erschienenen Buch beschreibt Dethlefson seine Erfahrungen mit hypnotischen Rückführungen*

in frühere Leben - damals noch ziemlich ungewohnt - und druckt auch einige lange und spannende Sitzungsprotokolle ab.

Engel, Leopold: *Im Jenseits. Führungen einer Seele. Kundgabe eines Jenseitigen durch Leopold Engel.* Lorber & Turm 1993.

Kommentar: *Leopold Engel war medial begabt und deshalb in der Lage, das große Evangelium des Johannes, das der berühmte Jakob Lorber durch das "innere Wort" empfangen hatte, zu vollenden, indem er den 11. und letzten Band dieses Werks selbst empfing. So bereitete es ihm keine Schwierigkeiten, die Durchgaben seines Vaters Karl Engel nach dessen Tod aufzunehmen.*

Karl Engel, der Vater, war ebenfalls mit dem Werk Lorbers vertraut und hatte sich dessen Aussagen, auch über die geistige Welt, zu eigen gemacht. In diesem kleinen Bändchen schildert er dem Sohn nach seinem Tod seine Begegnungen, die empfangenen Belehrungen und sein Tun in der geistigen Welt, das er als "Arbeit im Dienst des Herrn" erlebte.

Ford, Arthur: *Bericht vom Leben nach dem Tode.* Scherz 1972.

Kommentar: *Dieses Buch ist ein Klassiker des Psychologen Arthur Ford, eines der bekanntesten frühen Medien. Er empfing in Trance Botschaften von Verstorbenen und wurde dabei unterstützt von einem Kontaktmann aus der geistigen Welt, genannt Fletcher, der ein verstorbener Altersgenosse von ihm war.*

Forsboom, Bernhard: *Das Buch Emanuel.* Drei Eichen 1982.

Kommentar: *Dieses Buch ist ein bereits 1897 zum ersten Mal erschienener Klassiker. Die Durchgaben stammen von einem hochentwickelten Geistwesen, das nie Mensch war und sich Emanuel nannte. Sie wurden durch ein Schreibmedium im Rahmen einer Gruppe um Forsboom empfangen und waren nicht nur für diese gedacht. Im Zusammenhang mit dem vorliegenden Buch ist vor allem das Kapitel "Geist und Materie" interessant, in dem es* *auch um Themen wie früh sterbende Kinder, Krankheiten, Mitleid und so weiter geht.*

Geistige Loge Zürich: "Wie Verstorbene das Jenseits erfahren". Aus: *Medium*, 2, April 1999. (Bestelladresse: GCG/IGL, Postfach 4920, 8022 Zürich)

Kommentar: *Im Rahmen der Geistigen Loge Zürich wurden in mehr als 30 Jahren Durchgaben von den Geistlehrern Lene und Josef empfangen. In den von der GLZ herausgegebenen Medium-Heften wird versucht, bestimmte Fragen auf der Grundlage dieser Informationen zu beantworten.*

Gershom, Yonassan: *Kehren die Opfer des Holocaust wieder?* Verlag am Goetheanum 1997 (engl. Originalausgaben 1992 und 1996).

Kommentar: *Gershom ist ein Rabbi, dem durch seine Zugehörigkeit zum Chassidismus der Glaube an die Reinkarnation selbstverständlich ist. In diesem Buch sind zwei ursprünglich in englischer Sprache erschienene Bücher zusammengefasst. In dem zweiten dieser Bücher hat Gershom Berichte von Personen gesammelt, die durch verschiedene Erfahrungen wie Träume, Visionen, Déjà-vu-Erlebnisse, Mitteilungen von Geistwesen, Hypnosetherapie oder Ähnliches zu der Überzeugung gelangt sind, dass sie in einem früheren Leben KZ-Opfer gewesen waren, und die jetzt versuchen, das zu verarbeiten.*

Greaves, Helen: *Zeugnis des Lichts. Ein Erfahrungsbericht vom Leben nach dem Tod.* Anthos 1982.

Kommentar: *Die Schriftstellerin Greaves erhielt von ihrer guten Freundin, der Ordensschwester und Psychologin Frances Banks, nach deren Tod Durchgaben aus der geistigen Welt. Beide hatten schon zu Lebzeiten auf parapsychologischem Gebiet zusammengearbeitet. Frances berichtet von ihrem Leben in der geistigen Welt und vor allem von ihrer Arbeit in einem Erholungsheim* *für Neuankömmlinge, für die sie ziemlich schnell eingesetzt wurde. Die Durchgaben enden, als Frances einen "Lichtleib" entwickelt und in eine höhere, geistige Ebene aufsteigt.*

Heintschel-Heinegg, Aglaja: *Zeugen für das Jenseits.* Swedenborg 2001.

Kommentar: *Die Autorin beschäftigt sich mit insgesamt fünf wichtigen Zeugen, nämlich Origines, Emanuel Swedenborg, Katharina von Genua, Anna Katharina Emmerik und Jakob Lorber. Für jeden dieser Zeugen liefert sie eine Beschreibung seines Lebens und anschließend eine Darstellung seiner Jenseitsaussagen. Besonders die Biographien sind sehr spannend zu lesen.*

Jaeckel, Karl-Heinz: *Dialog mit dem Jenseits. Die esoterische Botschaft des Rabbi Eliezer.* Neugra 1984.

Kommentar: *Das Ehepaar Peter und Leonie von Egloffstein empfing, zunächst mithilfe der Planchette, später durch den Mund von Peter Egloffstein direkt, Botschaften aus dem Jenseits von Rabbi Eliezer, der zu seinen Lebzeiten im 18. Jahrhundert der Vater des berühmten Israel ben Eliezer (der Begründer des Chassidismus) gewesen war. Das Ehepaar arbeitete schließlich täglich mit ihm und lud dazu Gäste ein, die Fragen stellen konnten. Sie sind nach verschiedenen Themenbereichen geordnet. (Kapitel 3: Blicke ins Jenseits)*

Jakoby, Bernard: *Wir sterben nie. Was wir heute über das Jenseits wissen können.* Nymphenburger 2007.

Kommentar: *Jakoby bringt einen Überblick über den neueren Stand der Jenseitsforschung, einschließlich englischsprachiger Literatur. In fünf Kapiteln werden folgende Themen behandelt: "Die Nahtoderfahrung", "Erkenntnisse der Jenseitsforschung", "Geschichte der Medialität", "Aussagen Verstorbener durch Medien" und "Was wir heute über das Jenseits wissen können." Ein Buch für jeden, der als informiert gelten will!*

De Jouvenel, Marcelle: *Weisungen aus dem Jenseits. Roland de Jouvenel an seine Mutter.* Walter 1953.

Kommentar: *Die Schriftstellerin de Jouvenel empfing über zwei Jahre hinweg durch automatisches Schreiben fast täglich Botschaften ihres kurz vorher im Alter von 15 Jahren verstorbenen Sohnes. Zwischen beiden bestand eine sehr enge Bindung, und der Sohn bemüht sich - auf hohem Niveau - vor allem um Entwicklungshilfe für seine Mutter.*

Kardec, Allan: *Das Buch der Geister. Medial empfangene Antworten auf unsere Daseinsfragen.* Schirner 2005.

Kommentar: *Dieses Buch aus dem Jahre 1855 ist kürzlich neu erschienen. Kardec reagierte mit seinem Buch auf das zu seiner Zeit sehr starke Interesse für den damals sogenannten Spiritismus. Er bezeichnet als Geister das, was wir heute Geistwesen oder Wesen aus der geistigen Welt nennen würden. Ursprünglich wurden die Durchsagen dieser Geister mithilfe von Tischrücken, Quija-Brettern und so weiter vermittelt, später entwickelte sich daraus das mediale oder automatische Schreiben. Kardec stellte Fragen, die ihm auf diese Weise beantwortet wurden. In diesem Buch hat er insgesamt 1019 solcher Fragen zusammengestellt und nach Themen geordnet; zu den Themen "Das geistige Leben" und "Die Rückkehr ins leibliche Leben" sind es allein 70 Stück. Ein altes, aber wichtiges Buch, das trotz seines Alters gut zu lesen ist.*

Medialer Friedenskreis Berlin: *Protokolle Reinkarnation. Die Wiederverkörperungslehre. 1. Teil [1999] und 2. Teil (o. J.). Beziehbar über Verlag UFO-Nachrichten, Postfach 1211, 8763 Obergünzburg.*

Kommentar: *In den "Protokollen" sind Durchgaben zu verschiedenen Themen zusammengefasst, die der Mediale Friedenskreis Berlin über viele Jahre hinweg von verschiedenen höheren Geistwesen erhalten hat. Zu diesen Geistwesen gehört auch der Lichtträger*

Elias, der später mit dem Spirituellen Forschungskreis Bad Salzuflen zusammengearbeitet hat.

Michel, Peter: *Das Geistchristentum.* Aquamarin o. J.

Kommentar: *Ein Standardwerk, in dem es um das Christentum von "Mystikern, Inspirierten und Sehern" geht, das auch als Geistchristentum bezeichnet wird. Es werden Aussagen von insgesamt 13 wichtigen Quellen zu einigen zentralen Themen des Christentums und der Religion zusammengestellt und diskutiert. Hier interessieren vor allem die Kapitel "Die Jenseitswelten", "Die Reinkarnationslehre" (einschließlich "Das Gesetz des Karmas") sowie "Freiheit oder Selbstbestimmung".*

Die berücksichtigen Quellen sind: Jakob Böhme, Emanuel Swedenborg, Jakob Lorber, Anita Wolf, Geistige Loge Zürich, Johannes Greber, Emanuel, Gisela zu Wied, Christlich-Medialer Arbeitskreis Berlin, Willigis, Sigwart sowie die Evangelien.

Müller, Karl H.: *Informationen aus dem Jenseits. Eine Studie über mediale Mitteilungen.* Turm 1982.

Kommentar: *Der Autor hat aus der Fülle medialer Schriften zehn herausgesucht, die er für besonders wichtig und wertvoll hält, und ihre Aussagen zu insgesamt 13 verschiedenen Themen zusammengestellt. Für jedes dieser Themen bringt Müller zu Beginn eine aus mehreren Punkten bestehende kurze Zusammenfassung der inhaltlichen Aussagen sowie einen kurzen Kommentar und belegt dies dann für jede der Quellen ausführlich mit Zitaten.*

Die zehn ausgewählten Quellen sind: die Bibel, das "Große Evangelium Johannes" von Lorber, "Mediale Schriften" von Novotny, "Himmel und Hölle" von Swedenborg, "Der Verkehr mit der Geisterwelt Gottes" von Greber, "Botschaften aus dem Jenseits" von Geistführer Josef, die dieser der Geistigen Loge Zürich übermittelt hat, "Das Buch Emanuel" von Forsboom,

"Reise in die Unsterblichkeit" von Lees, "Autobiographie eines Yogi" von Yogananda und "Im Jenseits" von Engel.

Newton, Michael: *Die Reisen der Seele. Karmische Fallstudien.* Edition Astrodata 2008.

Kommentar: *Newton beschreibt in diesem Buch den Weg der Seele in der geistigen Welt - von der Ankunft nach dem irdischen Tod bis zur erneuten Inkarnation auf der Erde. Seine Informationen erhält er aus Hypnosesitzungen, die in die Zeit zwischen den Inkarnationen zurückführen. Das Buch enthält viele ausführliche Auszüge aus solchen Sitzungsprotokollen und bringt zu allen angesprochenen Themen fundierte Diskussionen. (Siehe auch Ausführungen auf Seite 35 ff. dieses Buches.)*

Newton, Michael: *Die Abenteuer der Seelen. Neue Fallstudien zum Leben zwischen den Leben.* Edition Astrodata 2006.

Kommentar: *Dieses ist Newtons zweites Buch über Hypnosesitzungen, die in die Zeit zwischen den Inkarnationen zurückführen. Es ist mindestens so informativ wie das erste und behandelt viele interessante Themen über das Leben in der geistigen Welt. Auch in diesem Buch gibt es viele ausführliche Dialage aus Sitzungsprotokollen und Diskussionen auf hohem Niveau. (Siehe auch Ausführungen Seite 35 ff. dieses Buches.)*

Riemann, Gerhard (Hrsg.): *Und ich sah einen neuen Himmel. Die Ramala-Offenbarung.* Hugendubel 1984.

Kommentar: *Der Titel des Buches ist ein Zitat aus der Offenbarung des Johannes. Das Buch ist bekannt unter dem Namen "Ramala-Offenbarung". Die darin enthaltenen Belehrungen wurden im Laufe mehrerer Jahre im Rahmen einer spirituellen Gruppe von einem Medium (als Kanal bezeichnet) empfangen. Die Gruppe sowie der Kanal wollen anonym bleiben. Auch über die Quelle ist nichts bekannt. Die behandelten Themen sind weit gespannt* *und reichen von "Position und Aufgabe der Erde innerhalb des Sonnensystems" über "Geld und Besitz" bis zu "Reinkarnation" und "Die zehn Gebote".*

Schwartz, Robert: *Mutige Seelen. Planen wir unsere Lebensaufgabe bereits vor der Geburt?* Ansata 2008.

Kommentar: *Der Autor suchte über das Internet Personen, die bereit waren, ihm ihre Lebensgeschichte zu erzählen. Er wählte zehn aus und ging mit ihnen zu vier von ihm ausgesuchten Medien, die er über die Vorbereitungszeit dieser Personen in der geistigen Welt befragte.*

Sigdell, Jan Erik: *Wiedergeburt und frühere Leben. Was Sie schon immer über Reinkarnation wissen wollten.* Heyne 2008.

Kommentar: *In diesem Buch beantwortet der Rückführungstherapeut Sigdell insgesamt 96 Fragen zur Reinkarnationslehre, nach Schwerpunkten geordnet, immer informativ und gut verständlich.*

Stead, Estelle: *Die blaue Insel. Ein Blick in das Leben im Jenseits.* Artha, 12. Auflage o. J.

Kommentar: *Ein kleines, leicht zu lesendes Büchlein mit genauen Beschreibungen über die Ankunft und das Leben auf der sogenannten blauen Insel, einem Übergangsland innerhalb der geistigen Welt. Der Journalist W. T. Stead, der sich bereits zu Lebzeiten mit Jenseitsforschung beschäftigt hatte, übermittelte es seiner Tochter Estelle Stead, kurz nachdem er beim Untergang der Titanic ums Leben gekommen war.*

Steiger, Brad (Hrsg.): *Worte aus der Quelle.* Silberschnur 1982.

Kommentar: *Steiger berichtet sehr lebendig über das Volltrancemedium Louis Gittner, der von manchen als der "zweite Edgar Cayce" bezeichnet wird. Louis geht in Trance, und ein hohes*

Geistwesen, als "die Quelle" bezeichnet, beantwortet durch seinen Mund die gestellten Fragen. Das in diesem Buch zusammengestellte spirituelle Material enthält viele interessante Fragen zu Themen wie Astralreisen, Lemurien, Sexualität und vieles mehr. Es gibt auch ein Kapitel über Reinkarnation.

Taschner, Uta: *Das Jenseits ist anders. Durchgaben aus der geistigen Welt.* Samsara o. J.

Kommentar: *Diese Durchgaben wurden der medial begabten Ärztin Dr. Taschner von ihrem verstorbenen Vater übermittelt, dem ein Stab jenseitiger Helfer und Mitarbeiter zur Seite stand. Sie empfing die Informationen als "Gedankenübertragung und gedankliche Bildübertragung" im Laufe zahlreicher Sitzungen, die vom Leiter der parapsychologischen Studiengruppe Österreich durchgeführt wurden. Die Durchgaben liegen in Form von Fragen und Antworten vor, die zu 33 sehr verschiedenen Themen der Esoterik zusammengefasst sind.*

Van Praagh, James: *Jenseitswelten. Erkenntnisse über das Leben nach dem Tod.* Goldmann, 5. Auflage o. J.

Kommentar: *Das berühmte amerikanische Medium betrachtet es als seine Aufgabe, sein Wissen über das Fortleben nach dem Tode und die geistige Welt an andere weiterzugeben und "die Kluft zwischen der physischen und der spirituellen Welt zu schließen". Dieses Buch ist ein Nachfolgeband zu seinem vorigen Werk "Jenseitsbotschaften". Es ist leicht zu lesen und sicher geeignet, vielen Menschen Trost zu spenden.*

Virtue, Doreen: *Botschaft der Engel.* Ullstein 2008.

Kommentar: *Die in Amerika auch als Seminarleiterin bekannte Autorin hat zahlreiche Engelbücher geschrieben. In dem vorliegenden Buch bringt sie zunächst Durchsagen, die ihr von Engeln diktiert wurden, sodann Antworten der Engel auf konkrete*

Lebensfragen, und schließlich schreibt sie selbst zu dem Thema "Kommunizieren mit Ihren Engeln".

Wambach, Helen: *Leben vor dem Leben. Verblüffende Testergebnisse beweisen: Es gibt ein Leben vor der Geburt.* Heyne 1984.
Kommentar: *Siehe Seite 35 ff. dieses Buches.*

Ward, Suzanne: *Matthew, erzähl' mir vom Himmel. Eine Beschreibung aus erster Hand über das Leben nach dem Tod.* Falk, Seeon 2009.
Kommentar: *Suzanne Ward erhielt, fast 14 Jahre nach den Tod ihres im Alter von 17 Jahren tödlich verunglückten Sohnes Matthew, Durchgaben von ihm, die zur Veröffentlichung bestimmt waren. Er hatte sich inzwischen mit seiner "Gesamtseele" vereint, so dass diese Informationen weit über das hinausgehen, was man von einem Siebzehnjährigen erwarten könnte. Vor der Geburt von Matthew hatten Mutter und Sohn seinen frühen Tod vereinbart, um die Möglichkeit für diese Durchgaben zu schaffen. (Der Mutter fiel es später schwer, sich vorzustellen, dass sie dazu ihr Einverständnis gegeben haben sollte!)*
Die Auskünfte, mit denen Matthew auf die Fragen seiner Mutter antwortete, bezogen sich auf sehr verschiedene Sachverhalte, die Suzanne Ward schließlich zu 34 Themen zusammenfasste. Im Zusammenhang mit dem vorliegenden Buch interessieren Themen wie "Engel, Geistführer", "Verbindung zur Erde", "Vorgeburtliche Vereinbarungen", "Karma" oder "Akasha-Chronik, Lebensplan und Rückschau".

Weiss, Brian L.: *Heilung durch Reinkarnationstherapie. Ganzwerdung über die Erfahrung früherer Leben.* Allegria 2007.
Kommentar: *Der Psychiater Dr. Weiss, besonders bekannt geworden durch den Bericht über Catherine, die als erste seiner Patienten in Hypnose von einem früheren Leben berichtete, beschreibt hier sehr anschaulich seine Erfahrungen mit der*

Reinkarnationstherapie und illustriert dies mit zahlreichen von ihm behandelten Fällen.

Whitton, Joel L., Fischer, Joe: *Das Leben zwischen den Leben. Ein Forschungsbericht aus der Welt jenseits unserer physischen Existenz.* Goldmann 1989.

Kommentar: *Dieses von Whitton und Fischer gemeinsam verfasste Buch beruht auf Aufzeichnungen von hypnotischen Rückführungen, die auch in die Zeit zwischen den Inkarnationen zurückgehen, die der Psychiater Dr. Whitton im Laufe vieler Jahre durchgeführt hat. (Näheres siehe Seite 32 ff. dieses Buches.)*

Abdruckgenehmigungen

Wir bedanken uns bei den unten aufgeführten Verlagen für die freundliche Genehmigung, Passagen aus bei ihnen erschienenen Titeln zitieren zu dürfen.

Gina Cerminara, Edgar Cayce. Erregende Zeugnisse von Karma und Wiedergeburt · © 2005 Schirner, Darmstadt

Diana Cooper, Die Engel antworten. Himmlische Hilfe für die wichtigsten Lebensfragen · © 2007 Ansata Verlag, München, in der Verlagsgruppe Random House GmbH · Übersetzung: Manfred Miethe

Arthur Ford, Bericht vom Leben nach dem Tode · © Scherz 1972. Alle Rechte vorbehalten. S. Fischer Verlag GmbH, Frankfurt am Main

Yonassan Gershom, Kehren die Opfer des Holocaust wieder? © 1997 Verlag am Goetheanum, Dornach

Allen Kardec, Das Buch der Geister. Medial empfangene Antworten auf unsere Daseinsfragen · © 2005 Schirner, Darmstadt

Dr. Michael Newton, Die Abenteuer der Seelen. Neue Fallstudien zum Leben zwischen den Leben. · © 2006 Edition Astrodata, Zürich

Dr. Michael Newton, Die Reise der Seele. Karmische Fallstudien © 2008 Edition Astrodata, Zürich

Joel L. Whitton / Joe Fischer, Das Leben zwischen den Leben. Ein Forschungsbericht aus der Welt jenseits unserer physischen Existenz © 1989 Arkana Verlag, München, in der Verlagsgruppe Random House GmbH · Übersetzung: Hans-Jürgen von Koskull

Gerhard Riemann (Hrsg.), Und ich sah einen neuen Himmel. Die Ramala-Offenbarung, Hugendubel 1984 · © der deutschen Übersetzung Sylvia Luetjohann

Helen Wambach, Leben vor dem Leben. Verblüffende Testergebnisse beweisen: Es gibt ein Leben vor der Geburt. · © 1984 Heyne Verlag, in der Verlagsgruppe Random House GmbH

Brian L. Weiss, Heilung durch Reinkarnationstherapie. Ganzwerdung über die Erfahrung früherer Leben. · Für die deutsche Ausgabe © 1995 Droemersche Verlagsanstalt Th. Knaur Nachf. GmbH & Co. KG, München

Über die Autorin

Edelgard Friedrich wurde 1932 in Berlin in eine sehr schwierige Familie geboren. Bedingt durch den endgültigen Zusammenbruch dieser Familie im Zuge des Kriegs- und Nachkriegsgeschehens erlebte sie traumatische Kindheits- und Jugendjahre, konnte dann aber doch ein Pädagogikstudium absolvieren und war danach als Lehrerin sowie in der pädagogischen Forschung tätig. Im Alter von 50 Jahren konnte sie eine weitere Ausbildung als Psychoanalytikerin abschließen und arbeitete danach 25 Jahre in eigener Praxis. Das Eltern-Kind-Thema hat sie ein Leben lang begleitet, doch erst eine langjährige, sehr schwere Erkrankung hat sie schließlich dazu gebracht, sich ernsthaft mit spirituellen Fragen einschließlich der Reinkarnationslehre zu befassen, die ein völlig neues Bild auf die Eltern-Kind-Problematik wirft. Edelgard Friedrich lebt in einem Vorort von München.

480 Seiten, gebunden
ISBN 978-3-89845-332-5
€ [D] 29,90

Trutz Hardo

Das große Handbuch der Reinkarnation

Heilung durch Rückführung

Jede Krankheit, jedes Problem hat seine Ursache. Oft liegt diese Ursache in einem früheren Leben. Deckt man sie auf, wird sehr häufig eine spontane oder allmähliche Heilung erreicht. So heilt die aus Amerika stammende Rückführungstherapie oft dort, wo jede »klassische« Therapie versagt.

Dieses Handbuch ist mehr als ein Arbeitsbuch für Mediziner oder Therapeuten. Es ist auch für all jene Menschen bestimmt, die körperliche, seelische oder beziehungsbedingte Probleme haben und sich auf der Suche nach Heilung befinden.

208 Seiten, broschiert
ISBN 978-3-89845-283-0
€ [D] 14,90

Trutz Hardo

Entdecke deine früheren Leben

Immer wieder gibt es Situationen im Leben, die uns bekannt vorkommen: Landschaften, die uns seltsam vertraut sind, obwohl wir sie das erste Mal sehen; Menschen, die uns sofort nahe sind, obwohl wir sie nie zuvor gesehen haben. Wie lässt sich dieses »Déjà-vu-Phänomen« erklären?

Trutz Hardo befasst sich seit vielen Jahren mit Rückführungen in frühere Leben. Dieses Handbuch erläutert, wie wir uns mithilfe verschiedener Rückführungstechniken daran erinnern können und wie wir uns selbst und die Herausforderungen des heutigen Lebens besser verstehen lernen, indem wir die Ursachen von einschneidenden Erlebnissen in allen Lebensbereichen aufdecken.

Lassen Sie sich das größte Abenteuer Ihrer Seele nicht entgehen!

136 Seiten, broschiert
ISBN 978-3-89845-291-5
€ [D] 6,95

Trutz Hardo

Reinkarnation – Frühere Leben und ihre Wirkung

Glaube oder Realität?

Weltweit glaubt über ein Drittel der Menschheit an die Reinkarnation. Ist dieses Thema ernst zu nehmen? Gibt es denn wirklich frühere Leben, und ist es möglich, sich an diese zu erinnern?

Dieses Einsteigerbuch durchleuchtet klar und logisch das Phänomen der Reinkarnation: Reinkarnation in der Geschichte; vom Glauben zum Wissen; Rückführungen als Lebenshilfe.

Der Leser wird erstaunt sein, welche Beweise die neueste Reinkarnationsforschung aufzuweisen hat ...

268 Seiten, broschiert
ISBN 978-3-923781-03-4
€ [D] 14,90

Anthony Borgia

Das Leben in der unsichtbaren Welt

Durch die Berichte von Raymond Moody und Elisabeth Kübler-Ross durften wir bereits einen kurzen Blick hinter den Schleier werfen. Hier liefert ein englisches Medium tatsächlich exakte und umfassende Beschreibungen der jenseitigen Welt und der Geschehnisse, die uns dort erwarten: der Übergang in die geistige Welt; das Leben dort; die verschiedenen Ebenen der höheren Dimensionen.
Dieses Buch ist ein Meilenstein in der Beschreibung der jenseitigen Welten. Die hier beschriebenen, beispiellosen Erfahrungen animieren jeden dazu, sein irdisches Leben in Zukunft aus einer gänzlich anderen Perspektive wahrzunehmen.

192 Seiten, broschiert
ISBN 978-3-89845-276-2
€ [D] 14,90

Sylvia Browne

Chancen in jeder Beziehung

Spirituelles Wachstum durch deine Begegnungen

Haben Sie sich schon gefragt, warum in Ihrem Leben einige Beziehungen wunderbar, andere dagegen eher erschreckend verlaufen?
Die international anerkannte Hellseherin Sylvia Browne untersucht Themen und Lebensentwürfe von der Kindheit bis ins reife Alter und veranschaulicht, wie uns die Konstellationen, die sich daraus entwickeln, prägen. Ihr gelingt es, ein tieferes Verständnis für die spirituelle Seite all unserer zwischenmenschlichen Beziehungen zu schaffen und zu zeigen, wie wir in jeder Verbindung, die wir eingehen, den Weg der Spiritualität beschreiten können, um glücklicher und erfüllter zu leben.

368 Seiten, broschiert
ISBN 978-3-89845-131-4
€ [D] 17,90

Laszlo Kreisz

Seele, Tod und Jenseits

Daten · Fakten · Spekulationen

Was ist das, was, wie Goethe es einst formulierte, »die Welt im Innersten zusammenhält«? Gibt es eine Seele? Gibt es ein Leben nach dem Tod? Ist alles um uns herum nichts weiter als Zufall, oder steckt hinter allem vielleicht doch eine »ordnende Hand«? Diese und zahlreiche weitere Fragen in Sachen Sinn und Sein beschäftigten den Autor. – Das Ergebnis dieser Suche ist das vorliegende Buch, das neue Blickwinkel eröffnet für eine etwas andere Sichtweise auf so manche Dinge im Leben.

89 Seiten, broschiert
ISBN 978-3-931625-10-4
€ [D] 11,90

Elisabeth Kübler-Ross

Über den Tod und das Leben danach

Dieses Buch gewährt Einblick in Elisabeth Kübler-Ross' wissenschaftliche Forschungsarbeit und deren Ergebnisse. Es kann dem Bewusstsein der heutigen Menschheit viele neue Denkanstöße geben. Die Autorin beweist überzeugend und einfühlsam, dass es ein Leben nach dem Tod gibt. Liebevoll zeigt sie Möglichkeiten auf, mit Sterbenden und dem Tod ohne Angst und bewusst umzugehen.
"Der Tod ist ein Hinübergehen in einen neuen Bewusstseinszustand, in welchem man fortfährt, zu fühlen, zu sehen, zu hören, zu verstehen, zu lachen, und wo man befähigt ist, weiterhin (seelisch und geistig) zu wachsen."

312 Seiten, broschiert
ISBN 978-3-89845-257-1
€ [D] 16,90

Denise Linn

Vergangene Leben – gegenwärtige Wunder

Wunder können tatsächlich in unserem Leben geschehen – einfach und mühelos. Dazu ist es nur notwendig, sich daran zu erinnern, wer wir wirklich sind ...
So sind wir in der Lage, die Blockaden aufzulösen, die zwischen uns und unserer Seele stehen. In diesem Buch lernen Sie, wie Sie in diese vergangenen Leben zurückreisen können, um Licht auf Ihre jetzigen Probleme zu werfen und sich endlich die Realität zu erschaffen, die Sie sich schon immer gewünscht haben.
Vertrauen Sie der amerikanischen Erfolgsautorin Denise Linn, und folgen Sie ihr in diesem Buch auf eine Seelenreise in die Zeit – leicht, ungefährlich und voller Wunder.

168 Seiten, Klappenbr.,
2-farbig
ISBN 978-3-89845-260-1
€ [D] 11,90

Lena

Wir Kristallkinder

Liebe, Vertrauen und Wahrheit

Lena ist das erste Kristallkind, das seine Geschichte niedergeschrieben hat: »Mein Leben ist für meine Kristallkollegen wie eine Fernseh-Soap. Sie finden es obermegasuperspannend, dass ich hier auf der Erde bin; sie finden die ganze Erde sehr spannend. Ich übrigens auch!« Ohne sich um herkömmliches Standarddenken zu kümmern, schreibt sie über das wahre Wesen der Kristallkinder, ihr Denken und Fühlen, ihre Schwierigkeiten, auf der Erde zu leben, und ihre Erinnerung an den Kristallplaneten.
Präzise Antworten auf offene Fragen sowie wertvolle Hinweise zu grundlegenden Besonderheiten dieser Kinder vervollständigen dieses bemerkenswerte Buch und lassen in uns die Erkenntnis reifen, dass wir im Umgang mit diesen manchmal wundersamen, aber immer auch wundervollen Kindern viel über uns selbst lernen können ...

208 Seiten, broschiert
ISBN 978-3-89845-259-5
€ [D] 14,90

Richard Webster

Dein Seelenpartner wartet ...

Sind Sie auf der Suche nach Ihrem wahren Seelenpartner?
Der Bestsellerautor Richard Webster hat entdeckt, dass – irgendwo – jeder Einzelne von uns einen Seelenpartner hat.
Seelenpartner treten immer im richtigen Moment in Ihr Leben, meist zu einer Zeit, wenn wir bereit sind, sie zu treffen. Lesen Sie dieses Buch, und Sie werden die Hintergründe von Inkarnation, Karma und Seele verstehen lernen und über zahlreiche Fälle von Seelenpartnern lesen können. Praktische Meditationen und spezifische Übungen werden es Ihnen ferner erleichtern, sich selbst für die Liebe zu öffnen, um so Ihren Seelenpartner anzuziehen.

192 Seiten, broschiert
ISBN 978-3-89845-294-6
€ [D] 12,90

Guido Ernst Hannig

Lebe deine wirkliche Berufung

Der spirituelle Weg

Spirituelles Berufscoaching ist der Schlüssel, um zur wahren Berufung zu finden. Doch zu einem erfüllenden Arbeitsleben gehört neben der Entdeckung auch die Umsetzung der Berufung.
Das Kernanliegen dieses Buches liegt in den Antworten auf folgende Fragen: Was möchten Sie in Ihrem Leben verwirklichen? Sind Ihre Visionen klar genug, um sie in Ihr Leben zu bringen? Sind Sie bereit, auf die Kräfte des Universums zu vertrauen?
Dieser spirituelle Berufscoach illustriert anhand von realen Coachingfällen, wie man lernt, seine beruflichen Wünsche zu entdecken. Das anvisierte Ziel ist die Verwirklichung unserer Träume und ein erfüllteres Leben.

232 Seiten, broschiert
ISBN 978-3-89845-154-3
€ [D] 14,90

Vadim Zeland

Transsurfing

Realität ist steuerbar

Dieses Buch löste in Russland eine wahre Revolution aus. Die Realität ist steuerbar! Wir alle glauben, wir seien abhängig von den äußeren Umständen – dabei ist es genau umgekehrt! Ihre innere Wirklichkeit kreiert die äußere Realität. So erfüllen sich Wünsche, Träume verwirklichen sich ...
Transsurfing ist eine mächtige Technologie zur Realitätssteuerung. Alle, die sich mit Transsurfing beschäftigen, erleben eine Überraschung, die an Begeisterung grenzt. Die Umgebung eines Transsurfers verändert sich beinahe augenblicklich auf eine unbegreifliche Weise. Das hat nichts mit Mystik zu tun. Das ist real.